士業プロフェッショナル

暮らしと
ビジネスを
力強くサポートする

2024年版

浪速社

はじめに

「志」という漢字を「こころざす」と読むのは、「心指す」が語源にあるためです。そして、この漢字を分けると、士の心。「サムライの心」と書いて心指すと読むのは、日本人の精神の根幹に根付いているように感じはしないでしょうか。

また、士業のことをシギョウではなく、サムライギョウと呼ぶことがあります。「漢字の意味を伝えるためにそう呼ぶのでは？」と思われるかもしれません。

しかしその原点は、明治に移り変わって近代国家として日本が生まれ変わっていく際に、基礎教育を終え一般庶民より教養レベルが高かったサムライたちの多くが、職能資格を取得したからだと言われています。彼等はきっと、欧州列強ひしめく海外へと門戸を開いたばかりの日本の明日を、少しでも良くするためにと志しをもって資格試験に挑んでいたのでしょう。

現代においても、難関試験を突破し人のためにと従事する士業家の皆様は、依頼者の今後を、ひいては明日の日本を良くするためにと志しを持って、日ごろから尽力していらっしゃいます。今回は、そんな士業家の皆様にお話を伺い、「士業プロフェッショナル２０２４年版～暮らしとビジネスを力強くサポートする～」を上梓するに至りました。

税理士や弁護士を始め、司法書士、弁理士、社会保険労務士、行政書士、不動産鑑定士といった様々な士業のプロフェッショナルにお話をお伺いし収録しております。皆様のご協力とお話いただいた歴史や功績から、大変読み応えがあり力強い内容の書籍と相成りました。

取材をお受けいただいた士業家の皆様は、2024年現在の時流を捉えて海外に目を向ける方や新しいテクノロジーを学び未来を切り開かんとされる方など、どの方も意欲的に士業という生業に取り組まれています。また志しは高く、しかし「気楽に相談して欲しい」と依頼者へ親しく寄り添おうという、尊敬できる人物ばかり。そんな彼等に、多忙な日々の最中に多大なご協力をいただきましたこと、また本書を出版するにあたってご協力いただいたスタッフの皆様に、この場をお借りして厚く御礼申し上げます。

本書が現代のサムライと呼ばれるに相応しい士業家の皆様と、法律や税、相続、土地、新しい分野ではドローンやVR、AIなど、様々な悩みや展望を持つ依頼者の方々が出会う一助になれば、また士業家の皆様の更なる飛躍の礎に成ることが出来ましたら甚だ幸いでございます。

2024年6月

株式会社ぎょうけい新聞社

行政書士

社会保険労務士

＝不動産鑑定士＝

士業プロフェッショナル　２０２４年版

―暮らしとビジネスを力強くサポートする―

ベルシティ税理士法人グループ

代表　小野 良介

我々の目指す理念が税理士業界全体に
広がっていってくれれば、
これほど嬉しいことはありません

「税理士業界の外部CFO化」で
日本経済に貢献する

税理士法人を中心としたコンサルティンググループを標榜

ベルシティ税理士法人グループは2021年に創設したばかりのフレッシュなグループだ。税理士でCEOである、創設者の小野良介代表の手によって、わずか3年足らずの間に20数名のスタッフを抱える組織に成長した。税理士法人が核として、行政書士事務所やコンサルティング会社、社団法人で構成された組織である。

これは顧客ニーズの掘り起こしと差別化、住み分けが目的で、同グループの強み、個性とも言えるだろう。依頼者は主に中小企業で、財務部門に人手が割けない組織体も多いため、同グループがCFO（最高財務責任者）の役割を担える立ち位置を意識している。

小野代表の座右の銘であり理念でもあるのが、「税理士業界の外部CFO化」。「貴社の財務部門として当グループを活用ください」という提案である。この理念を掲げる「税理士法人を中心としたコンサルティンググループ」を標榜する。ワンストップで依頼者の悩みや相談に乗るため、それぞれの企業が抱える問題に対しグループで解決に当たっている。

税理士を目指すきっかけとなった父の存在
質の高いサービスで依頼者の要望に応えられる事務所を目指す

岐阜県に生まれた小野代表が税理士を目指したのは、父の存在が大きかったと言う。しかし、父自身が営んでいたのは、士業ではなくアパレルの販売会社。そこへ出入りして父の相談に乗る税理士の姿が、幼心に印象的だったようだ。

父の会社でアルバイトをしていた折、東京で開催される展示会へ、来シーズンのアパレル商材を買い付け

東京都品川駅を拠点に全国対応

に行く仕事を任されていた小野代表。仕事をこなす中で、原価計算などビジネスに役立つ知識の必要性を感じていた矢先、幼いころ父の背中越しに見ていた税理士の存在を思い出した。

「アパレルの小売業を営んでいた父でしたが、収益の計算はどんぶり勘定。税理士はとても頼りになる存在でした。実際に仕事を手伝ってみて、必要な知識をどうやって勉強していけばいいかと考えた時、税理士の道を選ぶのもありなのではと思うようになりました」

高校を卒業後、名古屋の専門学校へ通い税理士の勉強に取り組む。2018年、22歳の時に税理士に必要な5科目（簿記論、財務諸表論、法人税法、相続税法、消費税法）に合格。翌年には上京して、とある税理士事務所へ勤務することになる。

そして2021年、税理士事務所を開設するに至った。25歳の若い開業税理士は業界でも最年少だと言われたそうだ。しかし、かえってその点が希少性を生み、差別化のための「ブランディングになった面もあった」という。

自ら独立して事務所を立ち上げる原動力になったのは、勤務時代に行っていた業務に対するもどかしさ。人の事務所へ所属している状態では、依頼者にできるアドバイスの範囲が限られており、ニーズに対応し切れていないと感じていた。

また所属する税理士の能力に格差がある点も気になった。税理士になるための方法はいくつかあり、条件を満たせば5科目受験を免除される措置が受けられるケースがある。

「他のどの税理士にも負けないような、質の高いサービスを提供して、もっと依頼者の要望に応えたいという思いから、事務所の立ち上げを決意しました」

成長路線の確立を支えた地道な営業活動
複数の組織体制で多岐にわたる顧客ニーズに対応する

しかし開業したはいいが、現実はそれほど甘くはなかった。第1号の依頼者は父の会社で、それ以外の依頼はゼロの状態。じっとしていては駄目だと思い立ち、「とにかく人に会おう」と決意する。そうして、開業当初は月に200人以上と面会。睡眠時間を削り、根を詰めたその努力が実り、開業後2カ月で前職の収入を超えるまでになった。ようやくスタートラインに立つことができた訳である。

事務所の立ち上げの少し前には、ベルシティコンサルティング株式会社も設立している。翌年には行政書士事務所を開業。また、一般社団法人のベルシティ税務研究会も立ち上げた。2023年には品川に第2のオフィスを開設。短期間で、現在のグループの体制が構築されていった。

こうした複数の組織体制を整えた背景には、多岐にわたる顧客ニーズに対応するという目的がある。会社

強みは「ワンストップで依頼者の悩みを解決できること」

「財務コンサルティング」と「金融コンサルティング」を強化中

見晴らしの良いオフィスで、社内の風通しも良い

や事務所の立ち上げは、いずれも業務をこなす中で出てきた課題を解決するための手段だった。「行政書士事務所は、個人から法人化する際の手続きなどをお手伝いするために作りました。社団法人は、税の規定が複雑な投資ファンドなどを研究し、対策を立てたいと思ったためです」

税理士業務を軸に置きながら、その関連や周辺で求められる事務処理などの機能も併せて整備。当初は苦労した事務所運営だが、気が付けば短期間で有機的に繋がるグループ組織を作ることができた。ほかの士業とも連携しながら、依頼者にとって使いやすいサービスの提供を心掛けている。

「一般的に士業の方はあまり営業活動をしない傾向が強いと思います。私の事務所が短期間で成長路線に乗れたのは、最初から営業活動に取り組んできたからでしょう。それがシンプルに成長へ繋がったのだと思います。士業事務所も営業が必要な一般の事業会社のようなものだと考えています」

グループの強みは複数の組織とスタッフが連携して様々な依頼者の相談に対応し、「ワンストップで依頼者の悩みを解決できること」だ。そのコンセプトは事務所の名称、〝ベルシティ〟にも込められている。「ベル」はフランス語で美しいという意味を持ち、「シティ」は英語で街を意味する。つまり、「美しい街」という意味である。

「事務所を開設した時、規模を大きくするのではなく少数精鋭で質の高いサービスを提供する、そんなスタイルを目指していました。これが『何でも揃う街』、美しい街のイメージと重なったのです」

現在、主に東京・港区の本社オフィスと品川の2つの拠点で業務を行っている。顧問先は中小企業が中心で、社長も小野代表と近しい20~30代の若い世代が多い。オンライン対応が定着したこともあり、北は北海道から南は沖縄まで、全国規模で依頼者が存在する。

最近、特に力を入れている分野が「財務コンサルティング」と「金融コンサルティング」。ワンストップという強みをさらに拡大、充実させるようなイメージだ。

財務コンサルティングは主に資金調達などが該当する。中小企業が多いため、事業拡大のための資金調達は非常に重要である。「税理士の税務だけではなく、もっと幅広い財務分野でも仕事をしたい」と考えている。

もう1つの金融コンサルティングでは、節税で手元に残った資金の有効活用策をアドバイス、サポートする。いかに効率良く運用し、資産を増やしていくか。「税がどう絡んでいくのかという税理士の観点と、投資のテクニック」とを組み合わせ、依頼者の資産の最大化を目指すという発想だ。

依頼者の目指す方向と経営方針が合致、二人三脚で共存共栄
敷居が高いと思われがちな士業のイメージを払しょくしたい

基軸になる税務サービスに加え、金融、財務のコンサルティングなど、新たな切り口のサービスにも力を入れることで、依頼者である中小企業の収益改善が期待できる。依頼者の企業が利益を増やせば、同グループの報酬も増えることになる。また、ほかの税理士事務所にはない新しいサービスを提供することで、業界内での住み分け、差別化にもなる。「顧問先の会社の収益が上がれば、我々の収益もおのずと上がっていきます。依頼者と私たちの目指す方向は全く一緒なのです」

これは理念の「税理士業界の外部ＣＦＯ化」とも矛盾しない考え方だ。昨今、大企業ではＣＦＯ（最高財務責任者）を設けるケースが定着した観がある。しかし中小企業にはそこまでの体力がないことが多い。そこで、外部組織だが「自社のＣＦＯ（最高財務責任者）として同グループを活用してください」という提案である。

中小企業の経営者には「営業など攻めの事業戦略が得意な人が多い」と語る小野代表。その半面、〝守り〟の要素が強い財務の意思決定に対する関心は低いと分析する。同グループの存在は、その空いた部分のピースにぴったりとはまる、会社の財務を補完する役割だ。その会社の管理部を代わりに担うというイメージだろうか。収益や資産の最大化のため、二人三脚で歩んでいくという手法である。既存の税理士像にとらわれない、自由な発想が新たな価値基準を生み出している。

こうした柔軟な思考は、「自身の仕事をサービス業だと考えています。敷居が高いと思われがちな士業のイメージを払しょくしたいですね」と語る、小野代表の考え方がベースになっているようだ。ほかの事務所

で作成された申告書を見て、「もっとこんなこともできますよ」と提案したところ、結果的にさらに節税できたため、新規の顧問契約に繋がったケースも少なくない。依頼者の立場になって仕事をする、サービス業としてとらえた税務業の一端が垣間見えるエピソードだ。

自由な社風もスタッフのパフォーマンス向上に寄与
発信力や存在感を高め、理念を業界全体へ広めたい

依頼者に若い世代の経営者が多いこともあるのだろうが、普段の相談にメールなどはほとんど使わず、LINEなど既存のSNSを活用している。「依頼者さんには常日頃、『事業に関して困ったことがあれば何でも連絡してください』と伝えています。会社の登記変更なら司法書士を紹介しますし、契約書のリーガルチェックであれば弁護士に声を掛けます。気軽に相談できなければ意味がないと思います」

自由な社風はスタッフにも浸透している。若いメンバーが中心で、1番年上は60代という陣容。テレワークやフレックスタイムを積極的に導入している。会社組織として意思疎通を図るという課題はあるが、働きやすい環

複数の組織とスタッフが連携しているため、ワンストップで依頼者の悩みを解決できる

境は会社の収益向上に貢献しているようだ。

こうした働きやすい環境が功を奏しているのか、採用面での苦労はほとんどないという。「人手不足と言われますが、環境面の噂を聞いたのか、ハローワークなども積極的に人材を紹介してくれます」

今後のビジョンは、業界内での発信力や存在感を高め、同グループがプラスの影響を与えられるような組織体に育っていくこと。そのキーワードとなるのは、繰り返しになるが理念に掲げる「税理士業界の外部ＣＦＯ化」の推進だ。

開業当初は、事務所の規模を追わない方針だった小野代表だが、これからは発信力や存在感を高める目的で、業容拡大に取り組もうと考えている。「我々の目指す理念が税理士業界全体に広がっていってくれれば、これほど嬉しいことはありません。その結果、企業の財務が強くなって収益も改善し、ひいては日本経済全体も良くなっていくことになります」

創業からわずか3年で急成長を遂げた小野代表は、次代の税理士法人像を構築している途上である。27歳の若武者の壮大な挑戦はまだ始まったばかりである。

PROFILE

小野 良介（おの・りょうすけ）

1996 年、岐阜県生まれ。
2018 年、税理士試験全 5 科目を合格。
2019 年、東京都内の税理士事務所に勤務。
2021 年、ベルシティコンサルティング株式会社設立。同年、ベルシティ税理士事務所を開設。
2022 年、ベルシティ行政書士事務所を開設。同年、ベルシティ税務研究会一般社団法人を開設。
2023 年、第二オフィス（品川オフィス）を開設。
2024 年、現在のベルシティ税理士法人を設立。

INFORMATION

ベルシティ税理士法人グループ

https://www.bellecity-tax.com/

所在地

・本社オフィス
〒 108-0075
東京都港区港南 4-6-7
ワールドシティタワーズキャピタルタワー38F
TEL　03-6555-2732
・品川オフィス
〒 108-0075
東京都港区港南 1-9-36
NTTDATA 品川ビル（アレア品川）13F

業務内容

税理士業務
行政書士業務
金融及び財務コンサルティング業務
各種税務研究　等

アクセス

・本社オフィス
東京モノレール・りんかい線「天王洲アイル」駅より徒歩約 7 分
・品川オフィス
JR「品川」駅より徒歩約 3 分

電話受付時間

〈月～金〉 9：00～18：00
〈定休日〉 土・日・祝

グループ構成

ベルシティ税理士法人
ベルシティ行政書士事務所
ベルシティコンサルティング株式会社
ベルシティ税務研究会一般社団法人

創業 2021 年

理念

「税理士業界の外部 CFO 化」を掲げる税理士法人を中心としたコンサルティンググループ

笠間税務会計事務所

代表　笠間 浩明

『企業再生なら笠間事務所』と言われるような事務所にしていきたい

企業の存続を「ゲリラ部隊」として支える
コンサルティングのスペシャリスト

「企業再生の業界ナンバーワン」を目指して

日本で事業を営む企業のうち、中小企業の割合は実に99・7%を占める。しかし、全ての企業が一様に順風満帆とは言い難く、存続の危機にさらされているケースは珍しくない。平成期に行われた「民事再生法」などの法整備や支援体制の拡充で、再起を図るチャンスが広がったとはいえ、危機的な状況から脱するには多くの困難があるのが現状だ。

そんな状況で頼りになるのが、専門家のノウハウだ。東京の赤坂で開業する笠間税務会計事務所の代表を務める笠間浩明氏は、これまでに旅館やホテルといった宿泊業をはじめ、さまざまな業界におけるコンサルティングを担ってきた。支援の幅は広く、財務状況の改善のみならず、業務改善まで手掛けている。窮地に立たされた企業をサポートする「企業再生コンサルティング」が大きな強みだ。

一般的に会計事務所といえば、企業の会計監査などに携わるイメージが強い。しかし笠間代表は「企業再生は自分のライフワーク」と語り、自らのチームを「ゲリラ部隊」と表現する。企業再生に注力し、数々の困難な事例と向き合い続ける彼の行動の原動力や思いの源泉はどこにあるのだろうか。多忙の合間を縫って、これまでのキャリアや現在の取り組みなど、貴重なお話を伺った。

開業以来、全国の旅館・ホテルのサポートに注力
税務・会計の枠を超えた支援で企業の成長を後押し

現在は約100社との顧問契約を結んでいる笠間税務会計事務所。様々な企業の税務会計業務を支援して企業の成長を後押ししているほか、企業の正確な状況を精査する財務調査も行っている。それらの基本的な業務とは別に事務所の大きな強みとしているのが、豊富な経験値と専門知識を生かしたコンサルティング業

課題を感じたら早急に専門家のノウハウを活用することを勧めている

だ。

笠間代表は開業以来、全国の旅館やホテルをフィールドに活躍している専門家だ。ここ最近たびたび耳にするインバウンド需要の増大で、一見すると宿泊業は大きな恩恵を受けているように映る。しかし笠間代表によると、「実態は完全に二極化している」という。

「インバウンドが好調なのは東京などの大都市や、京都などの人気観光地が中心です。それ以外の地域でインバウンドの好影響はさほど大きくなく、依然として多くの旅館やホテルが苦しんでいます」

笠間代表が得意とするのは、そうした旅館やホテルのサポートだ。クライアントの財務状況を分析し、借入金の整理や借り換え、新たな資金調達、債務の圧縮などをサポートする「財務改善コンサルティング」と、業務フローの分析や改善提案、業務の部分的な受託まで対応する「業務改善コンサルティング」を軸に、全国の旅館やホテルの支援に携わってきた。

事業の柱として取り組む「企業再生コンサルティング」
「企業の再生、成長をサポートし、日本経済の活性化に貢献したい」

他方、財務面や経営面に課題を抱えているのは宿泊業に限った話ではない。多くの中小企業がそれぞれの課題を抱えている。そんな企業を救うべく取り組んでいるのが、もう1つの事業の柱である「企業再生コンサルティング」だ。事業内容や財務状況をつぶさに調査し、再生計画の立案と実行まで手厚いサポートを行っている。年間十数件もの企業再生プロジェクトに関与して多くの企業を窮地から救ってきたノウハウは、笠間代表たちの大きな強みだ。

企業の存続を果たすことは、ひいては日本の産業を守ることにも繋がっていく。企業の未来を繋ぐ意義について、笠間代表は次のように語る。

「優れた技術やノウハウを持った会社や、長い伝統とブランドを持つ老舗が、財務上の問題で潰れてしまうのは本当にもったいないと感じています。一度潰れてしまうと、技術や伝統を取り戻すことは二度とできないでしょう。私たちの使命は、企業再生に特化した会計事務所として企業の再生や成長をサポートし、ひいては日本経済の活性化に貢献することだと考えています」

会計士としては異例のキャリアを構築
現場で学んだ経験を生かす道へ

豊富な経験と専門知識を活かしたコンサルティング業を得意とする

公認会計士といえば、独占業務である監査業務を主軸としている例は数多い。公認会計士の資格を得て監査法人に勤める。それがいわゆる「王道」のコースだという。しかし笠間代表は、「会計の分野は学んでいて楽しかったですが、監査に関する分野にはそこまで強い興味を持てませんでした」と自身の学生時代を述懐する。そして周囲が監査法人へと就職していった中、その王道とは違うルートを選択した。

笠間代表が進んだのは、国際税務や税務コンサルティングを行う事務所。大手会計事務所の系列に属しているとはいえ、会計士が初めて勤める場所としては珍しい選択だったという。中途採用を中心に行う事務所に新卒で採用されたこともあってか、新人にしては仕事の量も質も極めて高い水準が求められ非常に苦労したものの、「仕事を覚えるだけでなく、プロとしての姿勢も大いに学べました」と笠間代表は語る。

そんな環境下で仕事に明け暮れていた笠間代表に、1つの転機が訪れる。祖父の代から続く実家の会社から助けを求められたのだ。

「実家では畳の卸売業から始まり、カーテンや壁紙などインテリア製品の卸売会社を営んでいました。一時は中国に工場を出すほどに事業の規模を拡大していたのですが、金融危機の影響や不動産の失敗などが重なり、多くの借金を抱えている状態でした。私自身はもともと会社を継ぐ考えはなかったのですが、父に頼まれて『自分にもできることがあれば』と、当時勤めていた事務所を退職し、実家の企業へ戻る決心をしました」

それからおよそ5年、笠間代表は財務担当の役員として、金融機関との交渉や資産の売却、子会社の整理やリストラなどに東奔西走した。最終的に会社を閉じる決断へと至ったものの、現在の取り組みに繋がる考え方が確立したのもこの時期だった。

「資金繰りや金融機関の交渉などについて、座学で解ったつもりになっていたと思います。しかし、実際に経験してみると全く違うものでした。自分が企業の再生を目指して現場で取り組んだ経験を、同じ境遇にいる人たちのために役立てることはできないか。そう考えて、企業再生コンサルティングを主軸にした事務所を設立しました」

「コンサルティングは時間稼ぎ」発言に込めた真意とは？

その後、企業再生コンサルティングを自らの「ライフワーク」と位置づけるようになった笠間代表は、こ

笑顔で話しやすい雰囲気を作り、依頼者の話をしっかり聞くことを大切にしている

れまで数々の事例と向き合ってきた。中でも印象に残っているのが、中国で体験した大きな事件だ。

中国に子会社を持つある製造業社は、為替変動の煽りを受け業績の悪化に苦しんでいたという。さらに、再開発に伴って中国の地元政府から工場の移転を求められており、それに伴う従業員への退職金の支払いや工場の移転費用の捻出に窮していた。

これに対して笠間代表は協働している企業再生コンサルタントや弁護士とチームを組み、その子会社を中国現地の企業へと売却して、工場の移転問題をクリアすると供に、その売却資金で従業員の退職金を支払うプランを進めていた。

ところが、退職金の支払いを不安視した従業員と子会社の経営者との行き違いがあり、従業員が暴動を起こし笠間代表のチームのコンサルタントも現地の従業員に一時拘束されてしまった。その後、従業員との交渉は折り合いがつき、子会社の売却交渉も無事まとめられたものの、「一言で説明できないくらいの大変さでした」と振り返る。

そんな数多くの事例と向き合ってきた笠間代表。とはいえ、コンサルタントは全ての課題を解決してくれる魔法使いではない。笠間代表は「活路を見出して回復できるのが3分の1、なす術もなく潰れてしまうのが3分の1、そしてもう3分の1はなんとか生き延びているような状況です」と厳しい現実を語る。

「私たちコンサルタントができることはいわば『ゲリラ戦』、つまり正規軍である企業が自分たちの事業を立て直すまでの時間稼ぎをしているに過ぎません。いつ倒産するか分からないような局面では、ゲリラ部隊の役割である時間稼ぎは必須ではありますが、それだけで企業を再生できるわけではないのです。結局は稼ぎだした時間の中で、企業が主体となって本業の立て直しに取り組む必要があります。だからこそ大切になるのは、企業の経営者たちの『必ず事業を立て直す』という覚悟と意欲なのです」

専門家のサポートは「経済インフラ」企業再生分野での頂点を目指して

存続の危機にある企業が単独で事業を立て直すことは容易ではない。その上、苦しい状況に置かれた企業は資金繰りに頭を悩ませたり、金融機関とのやりとりに忙殺されたり、本業に注力することさえ難しい状況にある。笠間代表は「特に中小企業は、企業ごとに管理業務のレベルに大きな差があります。そもそも自分の会社がどのぐらいのレベルなのか分からない人も多いのではないでしょうか。だからこそ、何か課題を感じたら専門家たちのノウハウを積極的に活用してください」と呼びかける。

他方で、「日本の中小企業は、専門家たちのノウハウを〝経済インフラ〟として活用することに慣れていない印象です」とも指摘する。人間の病気が早期発見と早期治療が肝要であるのと同様に、企業の再生についても「対応は早ければ早いほどいい」というのが笠間代表の考えだ。

「早めの対応が大切だと分かっていても、実際はギリギリの状態になるまで対応できないのが常でしょう。それでもとにかく相談に応じて最善を尽くすのが私たちの考えです」

その考えは、今後目指す方向性ともリンクしている。「将来は『企業再生なら笠間事務所』と言われるような事務所にしていきたい」と語る笠間代表。一筋縄ではいかないコンサルティングに大きな意義を感じているのは、他ならぬ彼自身だ。潤沢な資金や豊富な人材を有する企業よりも、来月の資金繰りに悩むような企業の未来をどう繋いでいくのか。そんなサポートに身を砕き、役割を全うすることこそが、笠間代表にとっての最大のやりがいとなっている。

目標を実現するためには事務所の規模を拡大したり、専門性をより高めたり、やるべきことは多々あるという。しかしそれでもあえて困難な道を選び、頂を目指して歩みを進めていく。

PROFILE

笠間 浩明（かさま・ひろあき）

1995年、早稲田大学法学部を卒業。

同年、中央クーパース・アンド・ライブランド国際税務事務所（現・税理士法人プライスウォーターハウスクーパース）に入所。

1999年、笠間商産株式会社の取締役（財務担当）に就任。

2005年、笠間税務会計事務所を開業。

INFORMATION

笠間税務会計事務所

https://kasama-cpa.jp/

所在地

〒107-0052
東京都港区赤坂2-23-1
アークヒルズフロントタワー RoP 704
TEL　03-6277-8328　FAX　03-6277-8329

アクセス

東京メトロ千代田線「赤坂」駅5a/5b出口より徒歩7分
東京メトロ銀座線・南北線「溜池山王」駅11出口より徒歩10分
東京メトロ南北線「六本木一丁目」駅3出口より徒歩6分
都営バス　都01系統「赤坂アークヒルズ前」

業務内容

企業再生コンサルティング、旅館・ホテルのコンサルティング、税務会計業務、財務調査など

営業時間

〈月～金〉9：00～18：00
〈定休日〉土・日・祝

設立 2005年

笠間税務会計事務所のビジョン

日本経済の衰退が取り沙汰されてから、既に長い年月が経ちました。90年代生まれの若者が大卒新人として社会に加わる時代となりましたが、彼らは、かつて日本経済がジャパン・アズ・ナンバーワンと世界で呼ばれていたことすら知らないでしょう。

長い不況の中で、数多くの企業が姿を消していきました。その大部分は淘汰されて当然の企業だったかもしれません。しかし、優れた技術やノウハウを持った会社が、長い伝統とブランドを持つ老舗が、財務をはじめとした経営知識の欠如によって倒産の憂き目に会い、多くの技術、ノウハウ、伝統、ブランドが、虚しく消滅していったことも、少なくない事実であり、それは我が国にとって、非常に大きな損失であったと思います。


中小企業の経営者が技術やサービスのプロであっても、財務やマーケティング、法律のプロでないことは、ある意味当然のことです。経営者が疎い領域のアドバイスをする専門家が我が国の経済インフラとして整っていれば、多くの優れた企業が消えていかずに済んだに違いありません。

わたしたちは、企業再生の分野に特化した会計事務所として、優れた技術や伝統を持つ企業の経営をサポートしていきます。

税理士法人とりやま財産経営

代表　鳥山 昌則

不動産運営で資産が積み増していくと同時に、経験豊富な税理士による節税対策で手元に残るお金も多くなるという相乗効果があります

“実践型”税理士として、顧客満足度の向上を追求

税務事業と不動産賃貸業、二足のわらじで個性を発揮

とりやま財産経営の陣頭指揮を執る鳥山昌則代表は、おおよそ40年のキャリアを持つベテラン税理士だ。もちろん専門は税に関する業務だが、安定した資産を生み同時に節税にも繋がる不動産賃貸のエキスパートという個性的な一面も併せ持っている。同社の得意分野としては、税理士業務と不動産業務が車の両輪になっていること。既存の税理士法人にはない差別化できるポイントだろう。

自らを「実践型税理士」と呼ぶ鳥山代表の信条は、実践して「良い」と思ったものだけを顧客に勧める姿勢だ。長年、「どうすれば税負担が少なくなるのか?」という税理士としての命題に取り組んできた結果、紆余曲折を経てたどり着いたのが、不動産賃貸業だった。

幅広い様々な不動産への投資を自身で体験し、失敗もしながら安定した資産運用や節税のノウハウを学び、徐々に蓄積していった。起業からこれまでの総投資額は180億円規模に上る。

机上の理論だけではない、実体験を伴った仕事ぶりが説得力を持ち、高い評価に繋がっているのだ。

高校の授業で出会った商業科目に魅了される 一念発起、上京してわずか22歳で税理士試験に合格

鳥山代表は福井県勝山市に生まれる。作家水上勉の数々の小説にも描写がある通り、晴れる日数が少ない豪雪地域で有名だ。

小学生の頃、両親はこの地で現在のコンビニエンスストアのような〝よろず屋〟を営み始めた。時折、店番で接客を手伝うこともあり、この頃の原体験が後の税理士への素地を作ったようだ。

高校は商業科を選択。そこで商業簿記など税理士の仕事に必要な科目と出会い、「結構、自分に向いているのではないか」と感じたという。算数が苦手で学校の成績もそれほど良くなかったと振り返る鳥山代表だ

不動産賃貸業と税理士業の高みを追求する

が、店番の体験もあり、商売に関連する商業科は肌に合ったようだ。当然、興味が湧くと勉強にも身が入る。高校の成績は学年でずっと1番をキープしていたという。

大学は地元の2年制の短期大学の経営学科に進学する。高校時代同様、成績は学年でトップクラスだった。そんな折、ある先生からもらった助言が鳥山代表のその後の人生を決定づけることになる。

「大学の先生から、『税理士は儲かるぞ』とアドバイスをもらいました。若気の至りで単純な思考だったかも知れませんが、都会へ出て税理士を目指そうと思いました」

大学卒業後は東京や大阪といった都会へ出て、職を探そうと考えた鳥山代表。親類や知人の伝手もあり、東京の蕎麦店に住み込みで働くことになった。「東京の冬空は雪が続く故郷とは異なり、ずっと青天が続いて清々しい気持ちになれました。空っ風が吹いて寒いのですが、その青い空を見上げて、『ようし、東京で一旗揚げよう』と決心しました」

日中は店の仕事を手伝い、その後は経理の専門学校に通うという、忙しいが充実した毎日を過ごした。その努力は実り、税理士に必要な5科目（簿記論、財務諸表論、法人税法、所得税法、相続税法）の全てに、わずか2年で合格する。22歳の時だった。

1科目の受かる確率が約10%と言われる中、1年目に2科目、2年目に3科目というハイスピードでの合格。

「普通は5年くらいかかると言われていた試験ですが、自分にノルマを課していっぺんにやろうと腹をくくりました。今考えてみると、税理士という職業が向いていたのでしょう」

好きこそものの上手なれ、真に「面白い」と思える対象を見つけた鳥山代表にとって、大変だが有意義な受験勉強だったのだろう。蕎麦店での住み込み生活の成果としては、調理師免許も取得できた。

実地で生きた経営を体感するという貴重な会社勤務
様々な経営者との出会いで得た、商売のヒント

見事、税理士試験に合格した鳥山代表はその後、実務経験を積むため、知人の紹介で三軒茶屋の税理士事務所へ勤務する。年度末を迎える2～3月は目もくらむような忙しさで、職場の近所にある事務所が借りたマンションの一室で全員が寝泊まりする毎日。

「ちょうど結婚したばかりの時期だったのですが自宅にも帰れず、住み込み状態でした。しかし、確定申告の業務も経験できましたし、本当に大変でしたが、色々なノウハウを吸収することができました」

ちょうどその頃、友人が社長を務める中小アパレル会社の経理管理をアルバイトで請け負うようになる。その後、その会社の経理部長として5年間の実務を経験する。不渡り手形の回収処理など、実地で生きた経営を体感するという貴重な時期となった。この時の縁で今も時折、繊維関連会社の案件で相談が持ち込まれることがあるという。「当時苦労した経験があるので、どうすればいいかを熟知しています。依頼者と一緒に債務を抱えた社長の事務所へ行き、現金化できる物の回収もしました。留置権というのですが、これも知識と経験がなければ対応できません」

税理士としてキャリアを積んでいく中で、鳥山代表が魅力を感じた点。それは「様々な経営者と直接会え

る」ということだった。前述のアパレル会社の経理部長時代も、数多くの経営者と出会っている。「色々な経営者、商売に出会う中で、儲かる仕事というものが見えてきます。それを自分で実践して試してみるのです」

こうして様々な経験を積み上げた後、1989年、30歳の頃に、満を持して念願の事務所を開設する。この頃から、後に大きな事業の柱になる不動産投資も試みるようになる。自宅兼事務所を移転するたび、新たな物件を取得し、わらしべ長者のように資金を循環させて大きくしていくというビジネススタイルを構築するきっかけになった。実際に自分でやってみるという鳥山代表の生来の積極性が表われたエピソードだ。

不動産賃貸業と税理士業が会社経営の車の両輪に 所有物件は約80棟800室まで規模が拡大 税理士業は自社ビルで100人規模に

税務関連で取り扱っている分野は、税務相談をはじめ、財務計算業務、経営分析や診断などのコンサルタント業務、税務申告とその代理業務、事業継承や相続対策、商業登記、危機管理、財務運用プランの提言や助言など、実に幅広い。過去に800件を手掛けた税務調査も得意分野の1つだ。「当社は全般的に何でもできますが、その中でも実績が豊富で強みになっているのが不動産賃貸業と法人・個人・相続税の申告に対する税務調査です。言ってみれば、車の両輪のようなものです」

不動産ビジネスにはいくつかの種類があるという。大別すると5つで、1つは売買。もう1つは仲介業だ。そのほかに自ら物件を賃貸する賃貸業、管理業、コンサルタント業務がある。

鳥山代表も事務所開設の前後から、宅地建物取引士に合格したこともあり、不動産ビジネスに関わるようになるが、「どうすれば利益が得られるのか」という試行錯誤のための一手段だった。そのほかにも株式や

FX（外国為替証拠金取引）など数多くの投資を経験し、成功と失敗を繰り返してきた。

そして、長年の実践の末にたどり着いた結論が、「不動産賃貸ビジネスが最も安定して効率的な投資」というものだった。「たくさん失敗も損もしましたが、やはり物件を持っている者が一番強いということが分かってきました。所有する物件を貸し出すやり方です。長い目で見れば初期投資も回収できますし、継続して家賃収入を得ることもできる。自身の経験から、低リスクの資産運用方法だと気付きました」

不動産投資の効果が急速に表われてきたのは2008年以降、折しもリーマンショックの最中で、物件が値下がりしていた市況である。本業と家賃収入により手元の流動資金が十分に貯まっている状態だった鳥山代表は、その市況をチャンスだと考え都心の有望な物件を購入。銀行の融資の後押しも受けて、20棟を所有するまでになった。

2016年、値上がりした10棟を自身の法人へ売却。その売却資金を基にさらに物件を買い増しすることができた。現在では首都圏を中心に約80棟、800室の物件を所有するまでに規模が拡大、年間の家賃収入は実に12億円に及ぶ。

本当の節税とは、『手元にいくらお金が残るか？』ということ 安定的にお金を回していける手段が不動産賃貸業

税理士の仕事と不動産賃貸業務は関係がなさそうに見えるが、実は密接な関連性があるのだという。「不動産は税金の塊ですが、同時に節税の塊でもあるのです」と鳥山代表は説明する。不動産賃貸に関わる様々な取引で多くの課税が発生するが、ノウハウを知っていれば、効果的に節税の対策を打つことができる。「本当の節税とは、『手元にいくらお金が残るか？』ということです」

好評発売中の鳥山代表の著書

税理士という立場から見ても、不動産ビジネスはやりがいがあるという。税理士だからこそ理解できる、または実践できる事柄がある上、資産を増やしたという目に見える実績があるため、融資する銀行に対しても信用度が増す。当然、依頼者への説得力も増すということになる。

鳥山代表は、安定的にお金を増やしていける手段が不動産賃貸業だと考えている。「しかし、お金は血液の流れのようなもの。一度止まってしまえば、その会社は生きていくことができなくなります」

お金を借りてそれを元手に家（物件）を買い、それを貸し出して家賃収入を得て、また売って投資資金を得て、次の物件を買って、貸して……という一連の流れが資本形成の基本。鳥山代表はこれを実践し続け、恒常的にお金が流れる仕組みを構築している。

「ただし、良いと思う不動産は簡単には売却しません。これが財産の蓄積になります」

こうした収益構造を編み出すに至るには、鳥山代表自身の経験が礎になっている。独立して事務所を開設した時から、業容の拡大の度に新しい物件へ移転し、事業規模を拡大してきた。従業員数が増えて事務所が手狭になり、移転が必要になった背景もあった。また子どもが生まれ、家族が増えたことで新居を探す必要性が出てきた事情もあった。こうして試行錯誤を繰り返し、時には失敗もしながら徐々に効率的な不動産の運営手法を習得していった。

自身が培ってきたノウハウや経験を今、とりやま財産経営の依頼者にあますことなく伝えているが、「不動産運営により、資産が積み増していくと同時に、経験豊富な税理士による節税対策で手元に残るお金も多くなるという相乗効果があり、この点こそ税理士業務と不動産賃貸業務が両立する点であると思います」

納税者の気持ちが理解できないと、満足できる営業はできない
依頼者とＬＩＮＥ交換、何かあったらいつでも連絡ＯＫ

税理士業務と不動産業務が2本の収益の柱として会社を支えているが、これからは「不動産賃貸業がメインになっていくだろう」と想定している。

考案中の新しいビジネスモデルとしては、有望な都心のホテル物件を複数の投資家と共同で一口３００万円からの投資を募り、購入する構想がある。初期投資のハードルを下げて、高額で有望な物件を購入しやすいスキームを考案。自身も一緒に投資することで信条の運命共同体を体現する。当然、購入後の資産運用や投資の回収、節税面も考慮されている。税理士として実地に商売を経験し、また投資家として不動産賃貸に携わってきた知見の蓄積があってこそ、初めて可能になるアイデアである。

「依頼者＝納税者の気持ちが理解できないと、満足してもらえる営業や接客はできない」と語る鳥山代表。「リスクがあるからお受けできません」という対応は考えていない。初めて依頼者に会った時、ＬＩＮＥを交換しているが、これは何かあったらいつでも連絡してください、という自身の方針に基づいている。「経営者の事務所や自宅に税務調査が来ても、まずは私に連絡してくださいと依頼者には伝えています」

最近のケースでは、紹介で持ち込まれた不動産売却による難解な譲渡所得案件がある。依頼者は亡くなった両親が所有していた不動産を売却。確定申告に当たり売却した不動産の取得金額が分からず、何人もの税

依頼者の気持ちに寄り添い積極的な姿勢を見せる

理士に相談したが、所得金額を合理的に算出できず困っているという相談だった。過去に正々堂々と税務署と渡り合ってきた事例があり、想定価額をすぐに算出することができた。同社が蓄積してきた経験とノウハウがあったお蔭で、冷静にリスク回避の方法を提案できた一例と言えるだろう。

現在、独自に考え実行した消費税の還付案件の100件を超える更正事件について、税務署（国）に対して憲法違反を争点にして裁判中とのこと。相手が誰であろうと信念を貫く鳥山代表の姿勢が表れている。

自身の息子も税理士として家業を継承し、現在では事務所を分離して既存の依頼者に対する業務を一手に引き受けている。鳥山代表自身は息子に譲り減ってしまった顧問先の数を増やすべく、「新規の顧客開拓が当面の課題です。キャパシティはまだあります」と語った。

還暦を過ぎて益々、情熱旺盛な鳥山代表。「まず自ら実践する」という若かりし頃からの積極姿勢は微塵も変わることがない。

PROFILE

鳥山 昌則（とりやま・まさのり）

1959 年、福井県勝山市生まれ。
1979 年、福井県立短期大学経営学科卒業。同年、税理士を目指して上京。
1981 年、蕎麦店で住み込み勤務中に税理士試験全科目を合格。
1982 年、大原簿記学校日商 1 級受験科講師。
1983 年、三軒茶屋会計事務所で経験を積む。
1986 年、税理士登録。
1989 年、鳥山会計事務所開設。宅地建物取引士免許取得。
1999 年、不動産部新設。2013 年、税理士法人鳥山会計設立。
2019 年、税理士法人とりやま財産経営に商号変更。
同年、息子である鳥山昌悟氏が税理士法人鳥山会計を新規設立。

【著書】

「闘う税理士 税理士大家さん」

「マル秘・実録 税務署との交渉術 50 棟 500 戸オーナーの税理士大家さんが伝授！」

「家賃収入 11 億円の税理士大家がこっそり教えるお金の増やし方 不動産投資・消費税還付・節税・相続対策」

INFORMATION

税理士法人 とりやま財産経営

https://www.toriyama-ac.com/
https://www.youtube.com/channel/UCGxkRYBRptnttzLBQJhTWlQ/videos

所在地

・池袋本店
〒 171-0014
東京都豊島区池袋 2-65-6　慶愛鳥山ビル 1F
TEL 03-6912-8828　FAX 03-6914-3428
E-mail　toriyama@toriyama-k.jp

・銀座サロン
〒 104-0061
東京都中央区銀座 4-12-1 銀座とりやまビル 5F
TEL 03-6228-4580　FAX 03-6228-4508

業務内容

税務相談、法人・個人の記帳代行、決算申告、相続税・贈与税・譲渡所得の節税アドバイス、申告、遺言、家族信託、税務調査、不動産賃貸業の提案

営業時間

〈月～金〉 8:00～19:00
〈土・日〉 9:00～18:00
〈定休日〉 祝

設立 1989 年

アクセス

池袋本店：JR 山手線、湘南新宿ライン・埼京線「池袋」駅より徒歩 6 分

理念

お客様と一生づきあい
運命共同体
あなたの立場で最適なアドバイス

士業の専門家集団 ストラーダグループ

代表取締役　山田 直輝

クライアントと共に歩み、企業が成長・発展し
続けるための良きパートナーになっていきたい

ハイレベルな各分野の知識を結集し、経営者の「全体最適」をトータルサポート

時代に適合する柔軟性を兼ね備えた専門家集団

企業の経営者は、その事業規模を問わず様々な悩みを抱えている。本業に関わることだけでなく、資金繰りや従業員の管理など、一国一城の主である経営者の悩みは数知れない。他方で、2022年11月に中小企業庁が1000人の中小企業・小規模事業者を対象に行ったインターネット調査によると、「悩みや課題があっても、社内や近くの経営者仲間と相談するだけで専門家に相談したことがない」と答えた人の数は53・2％に及んでいる。

東京の日本橋に本拠を構えるストラーダグループは、「バックオフィス業務のトータルサポート」を掲げる専門家集団だ。税理士、公認会計士、社会保険労務士、中小企業診断士、行政書士が在籍し、税務、財務、会計、人事、労務、補助金、助成金やM＆Aさらには不動産まで、それぞれの高い専門性を生かしながら、ワンストップの体制で支援できる。グループの代表を務める山田直輝氏は、幅広い業界における個人事業主や中小企業、大企業などの悩み事と向き合いながら、「徹底的な経営者支援」を信条に日夜活動を続けている。

5つの領域をカバーする バックオフィス業務の総合支援

ストラーダグループが取り組む「バックオフィス業務のトータルサポート」は、大きく5つの領域に分類される。

1つ目は税理士法人によるサポート。税務相談や各種申告・届出の対応、タックスプランニングなどが代表的なサービスとして挙げられる。450社以上の豊富な顧問実績があり、IT技術を活用したスピーディーな情報提供やコミュニケーションの対応が強みだ。

2つ目はビジネスサポート。資金調達や補助金の取得、M＆AやIPOの支援など、会社にとって大きなライフイベントを高い専門性でサポートしている。

続く3つ目は、労務に関するサポートだ。社労士法人と労働保険事務組合の機能を併せ持ち、人事や労務、社会保険や労働保険に関する相談や事務手続きの代行に対応できる。

4つ目は、行政書士によるサポート。グループ会社と連携した会社設立業務や各種ビザ申請を行っている。グローバル化でニーズの高まる外国人労働者の雇用に関するサポートも可能だ。

最後の5つ目は、不動産サービス。「税金に強い不動産会社」を掲げるタックス・リアルティ社が税理士や会計士と提携し、不動産売買と税金対策を総合的にサポートしている。

山田代表は、幅広いサービスを提案できる優位性について、次のように語っている。

「経営においては、たとえば税務面からの見解と、労務面からの見解が異なるケースがあります。それぞれの分野で個別のアドバイザーに相談すると、『部分最適』の見方に陥って、弊害やリスクが生じることもあるでしょう。分野を横断したトータルサポートは、経営者がそれぞれの見解の良し悪しを踏まえた『全体最適』を選べる手助けになると考えています」

各分野の専門家が一同に
顧客への最大価値を追い求める

これだけの規模で専門家集団を形成するまでには紆余曲折があった。山田代表は2009年に公認会計士試験に合格した後、デロイトトーマツに入所。世界がリーマンショックに揺れていた頃と重なり、まさに逆風が吹く中での船出となった。その中で山田代表は上場企業の会計監査などに数年間従事し、「数字から離れて現場で仕事がしたい」とコンサルティング部門への転身を選んだ。大手企業の上場支援などに注力し、業務の幅を広げたのがこの頃だ。

ストラーダ税理士法人
ストラーダビジネスサポート株式会社
ストラーダ公認会計士事務所
ストラーダ社会保険労務士法人
中小企業労働企画開発協会
ストラーダ行政書士法人
株式会社タックスリアルティ
ストラーダAIDX株式会社
ストラーダグループ
Strada Group Corp.

様々な相談が寄せられワンストップで支援している

そして節目の30歳を迎える直前、かねてから考えていた独立を果たすことになった。これまで培ったキャリアを最大限生かすために、税理士事務所としての開業を選択。当時品川に構えていた自宅を事務所とし、再スタートを切った。

とはいえ、開業当初は苦難の連続だった。「営業経験が全くない中で独立してしまい、どうやって仕事を取るのかさえよく分かっていませんでした」と振り返る山田代表。開業直後の数カ月は仕事が一切ない状態だったものの、交流会やイベントへと頻繁に足を運ぶなどの地道な活動を続け、徐々に仕事に繋がるようになっていった。

独立後の仕事が軌道に乗り始める中、自身が高齢であることを理由に後継人を探していた税理士と出会う。山田代表は自身の業務に加えてその税理士の業務も手伝うようになり、やがて後任を打診されることになる。最終的に恩師の意向と山田代表自身が望むビジョンの双方を叶えるべく両事務所を統合し、２０１５年12月末にストラーダ税理士法人を立ち上げた。

２０１７年には社労士法人の代表を務める宿谷氏の参画を機に、社会保険労務士法人を引継ぎ、人事労務の領域でのサービスを拡充。その後２０１８年に参画したのが、デロイトトーマツに勤務していた頃の先輩だった塚田氏だ。同氏は現在、税理士法人とビジネスサポートを中心に携わっている。さらに、行政書士法人の代表を務める星野氏の加入、不動産部門の代表である加藤氏の加入が続々となされ、現在の体制を段階的に形成していった。

しかし山田代表は、当初からこれほど大規模な専門家集団を作り上げる構想は持っていなかったという。あくまで依頼者のニーズを汲み取り自分たちが提供できる「最大価値」を追い求めた結果だった。

「税理士の業務に携わっていると、たとえば中小企業の社長から様々な相談を寄せられます。もちろん税理士は税金に関するプロフェッショナルですが、依頼者から寄せられる相談は必ずしも税金に関することばかりではありません。しかし、専門外の分野であっても『できません』と言いたくないのが私の考えです。何らかの方法で支援できないかと常日頃から考え続けていた結果が、今の体制に繋がっています」

グループのキーワードは「成長」
人生を共に歩む仕事を全うするために

前述したようにストラーダグループは、幅広い分野を横断したトータルサポートが大きな強みだ。他方

バックオフィス業務のトータルサポートを掲げている

で、クライアントにとっての「全体最適」を提案するためには、それぞれの分野で高い専門性が求められる。山田代表は、「自身はもちろん、グループとして、さらに従業員一人ひとりが成長し続けることが大切」だと説く。

グループとして「成長」を重要なキーワードに据える中で併せて重視しているのが、従業員一人ひとりの働く環境だ。約40名の従業員、提携先も含めれば70人にも及ぶ組織において、山田代表は「一生涯働ける環境づくり」と「成長を後押しする制度づくり」に注力しているという。成長することは、生き甲斐の1つである。

ストラーダグループでは、個々人のライフイベントに応じた様々な制度を整えている。たとえば、子育て世代も働きやすい勤務制度がその1つだ。さらに資格取得に向けた学習を想定した時差出勤や試験日間近のテレワーク、資格取得時のお祝い金など、自己成長に繋がる制度も充実している。

また、士業の事務所として珍しいのが、ワーケーション制度の導入だ。時代の流れを踏まえつ

時代の変化に対応できる柔軟性を持つことを大切にしている

つ、「旅で得た人生経験は経営者の皆さんと話すネタにもなる」と考えて導入したという。

制度面だけでなく、社内でのコミュニケーションも手厚い。各部署のチームリーダーは月に1回は必ず30分間のワン・オン・ワンミーティングを従業員との間で実施し、仕事への不安や今後の成長に繋がるポイントを洗い出している。

これだけ手厚い環境を整えているのは、大きな責任を伴う仕事を全うするためだ。

「私たちの仕事は経営者と共に行います。たとえば経営者が店舗を展開する際は、多額の資金を金融機関から借り入れて行うことも多々あるでしょう。1人の経営者が人生を賭けて取り組む仕事を支援するのですから、こちらも相応の覚悟を持って臨まないと良いパートナーシップは築けません」

企業経営における重大な選択は、時として当事者の運命を大きく左右する。だからこそ、存分に能力を養い、発揮できる環境づくりに労を惜しまず取り組んでいるのだ。

顧客ニーズに寄り添ったサービス提供で経営者を支援「時代に合わせて変化できるチームであることも重要」

今後のビジョンを山田代表に伺うと、グループの軸である「徹底的な経営者支援」の継続を一番に挙げた。加えて重要性を説くのが、「顧客ニーズと時代の変化に応じたサービスの提供」だ。

「マーケティングの業界には『プロダクトアウト』と『マーケットイン』という言葉があります。前者は、人気ブランドのように自分たちの作りたい製品を作り提供する考え方です。他方で後者は、あくまで依頼者さんのニーズに寄り添いながらサービスを提供する考え方です。これまで私たちは『マーケットイン』の姿勢で成長してきました。今後も依頼者さんが望むサービスを追い求め、経営者を支援していきたいと考えています。市場は常に変わるもので、その変化に私たちも迅速に対応しなければなりません。私たちが目指すのは市場の変化に応じ、カメレオンのように状況に合わせて変われるチームであり続けることです。チャールズ・ダーウィンが『最も適応能力のあるものが最強の種である』と言うように、強いチームは、生き残れるチームは、変化に応じて変われるチームなのです」

ＩＴを活用した迅速サービス提供にも注力 経営者支援を通して日本経済発展に貢献

昨今、書類のペーパーレス化やＷＥＢ会議、ＡＩによる売上予測や在庫予測、ＣｈａｔＧＰＴの生成

ＡＩ、ドローンなど、あらゆるビジネスシーン、経済活動の場において、ＩＴ分野の進化が目まぐるしい。ＩＴを活用した迅速なサービス提供を掲げるストラーダグループにとっても、決して対岸の出来事ではない。「私たち士業は専門業であり、サービス業でもあります。専門知識を高めることはもちろん、時代の変化に対応して新たなものを躊躇なく導入する柔軟性を持つことも同様に大切です」と山田代表は語る。

因みに社名となっている「ストラーダ」とは、イタリア語で「道」。山田代表はこの社名に「私たちが提供するサービスは決して一時的なものではなく、生涯を共に歩いていく性質のもの。企業が誕生し、発展し続けるための良きパートナーとして、継続的な支援を行っていきたい」との思いを込めたという。

多様なサービスを展開して経営者を支援し、企業だけでなく従業員や取り引き先まで含めた好循環を生み出し、ひいては日本の経済の発展に貢献することこそ、山田代表率いるストラーダグループ全体が目指す未来だ。クライアントとなる企業と共に歩む道は決して平坦ばかりではないだろうが、長く険しい道を進んだ先は、きっと私たちが幸福な暮らしを送る世界へと繋がっている。

PROFILE

山田 直輝（やまだ・なおき）

中央大学商学部商業貿易学科に在籍中の2009年、公認会計士試験に合格。2010年に卒業後、有限責任監査法人トーマツへ入所。上場企業の会計監査や内部統制監査、ベンチャー支援や企業のリスクマネジメント業務などに従事。2015年12月に独立し、同年ストラーダ税理士法人を設立。代表社員に就任する。

【所属・活動】

公認会計士、税理士、行政書士。ストラーダホールディングス株式会社で代表取締役を務めながら、グループ内の税理士法人(代表社員)、ビジネスサポート(代表取締役)、行政書士法人(社員)、タックス・リアルティ(取締役)、ストラーダ AIDX(取締役)にも属し、各会社や団体の社外役員や理事にも従事し、幅広い業務を実施している。

INFORMATION

ストラーダグループ

https://www.strada-group.jp/

所在地

・〒103-0014　東京都中央区日本橋蛎殻町1-36-5 いちご箱崎ビル5F
・〒103-0014　東京都中央区日本橋蛎殻町2-11-2 オートエックス工藤ビル3〜6F

アクセス

東京メトロ半蔵門線「水天宮前」駅より徒歩2分／東京メトロ日比谷線「人形町」駅より徒歩5分／都営浅草線「人形町」駅より徒歩8分／都営新宿線「浜町」駅より徒歩10分

営業時間

〈月〜金〉9：00〜18：00
〈定休日〉土・日・祝

設立 2015年12月

グループ構成

ストラーダ税理士法人／ストラーダ社会保険労務士法人／ストラーダ行政書士法人／ストラーダビジネスサポート株式会社／中小企業労働企画開発協会／株式会社タックス・リアルティ／ストラーダ AIDX 株式会社

業務内容

・ストラーダ税理士法人：税金に関するアドバイス、各種申告書類の作成、財産評価など
・ストラーダビジネスサポート株式会社：補助金の申請代行業務、M&Aのアドバイスなど
・ストラーダ社会保険労務士法人：給与計算、各種労務手続き、社会保険・労働保険の相談など
・中小企業労働企画開発協会：労災の特別加入
・ストラーダ行政書士法人：会社設立業務、ビザ申請業務、各種許可申請や免許取得など
・株式会社タックス・リアルティ：不動産売買と相続税などの税金対策の総合コンサルタント
・ストラーダ AIDX 株式会社：ITやAIに関する研修の実施等

経営理念

「ストラーダ」とは、イタリア語で「道」という意味があります。

お客様と共に同じ道を歩み続けられるような会社にしたいという意味を込めて、「ストラーダ」と名付けました。

ストラーダグループの特徴は、一時的なサービスの提供ではなく、企業が誕生し、企業が発展し続けるために、共に企業を成長させていく、生涯付き合えるパートナーとして行う継続的なサービスの提供です。

クライアントの成長が少しでも日本社会に価値を与えられるように手助けすることが、私達の使命です。

Astrus 税理士事務所

税理士　小林 良和

相手の気持ちに思いを馳せ、
一緒に考えることで
正しい提案ができると思っています

真に依頼者に寄り添い、依頼者の幸せを生み出すサポートを実践

あらゆる業種・業界の支援実績を持つプロフェッショナル税理士

四季折々の顔を見せる新宿御苑。そこからほど近くにあるのがＡｓｔｒｕｓ税理士事務所だ。事務所内の窓から見える景色は「Ｔｈｅ都会」といったビル街で、多くのビジネスマンが行き交う。

そんな、Ａｓｔｒｕｓ税理士事務所の代表を務めているのは小林良和税理士。人懐っこい笑顔と気さくな人柄が印象的な人物である。同氏のこうした雰囲気、そして税理士としての確かな腕前を頼って、多くのクライアントが同事務所にアクセスする。

税理士という職業との出会い
自分の夢を叶えるために税理士を目指すことに

小林代表が税理士になろうとしたきっかけは子どものころに遡る。父が建築士で自宅の隣に事務所があり、幼いころの小林少年は父が働く姿を日常的に見ていた。そして、そこに頻繁に出入りして、尊敬する父と対等に話していたのが税理士だった。

当時、税理士といった職業を知らない小林少年はその姿に漠然とした憧れを抱き、その後の進路に対して大きな影響を及ぼすことに。

「昔から、人とは違うことをしてみたいという気持ちが強かった」と話す小林代表。だからこそ、大学在学時に考えた将来の展望は、ただ企業に就職するのではなく、あえて一歩踏み外して人と違ったことがしてみたいと考えた。その時に浮かび上がったのが、当時憧れた税理士だった。

大学は経済学部に在籍していたこと、またゆくゆくは親の手助け、そして世界中の多様な文化や価値観を学ぶ旅をしたいという夢を叶えるため、自分でお金を稼げるようになりたいといったビジョン、それらを繋ぎ合わせた先に見えたのが税理士という仕事だったのだ。

どんな相手でも特別扱いは無し
時に依頼者とは税務とは関係のない人生相談も

一般的に、税理士には堅苦しく、緊張感があり、敷居が高いといったイメージを持つだろう。しかし、小林代表からはそのような雰囲気はまったく感じられない。依頼者と相対する上では常に、「どのような立場の人であっても変によそよそしくしない」「特別扱いしない」といったポリシーを貫いている。

現在、法人顧問契約をメインで行っている小林代表。依頼企業は、個人事業・個人商店も含めるとクライアント数は100以上にものぼる。その業種は1都3県を中心に幅広く、外資系企業や飲食業、出版社や芸能事務所など実に様々である。

クライアント事情に鑑みると、芸能事務所であれば華やかな世界のため、つい特別扱いをしてしまう人もいるだろう。また、相手が経営者の場合、発言は遠慮したものになってしまうこともあるかも知れない。しかし、小林代表はどんな依頼者にも平等だ。お金の扱いについても、駄目なことは駄目と、必要なことは誰であっても的確に伝える。税理士として、依頼者のお金の行く末を預かるスペシャリストとして徹底している。実際に、過去にはクライアントである経営者から「先生は誰にでもはっきりものをいってくれるから助かる」といわれたことも。

「私は『法律が、制度が』とばかりいっていては依頼者からの信頼は獲得できないと思っています。それをすると単に頭でっかちな税理士になってしまう。いつも、できる限り人の心に寄り添えるような対応を大切にしています」

たとえば、1つの事案においてブラック（法律違反に抵触する）か否か、見解が分かれるグレーな場合においては、ブラックははっきりとブラックと伝えた上で、まず依頼者に対して「あなたはどうしたいですか」と問う。その上で法律や税制面など多面的な観点でベストな選択肢を伝え、提案する。

またお金のトラブルを抱えている場合、できるだけ得をしたい、穏便に済ませたいといった要望を吐露する依頼者も多い。その際は「法律が……」と突き返すのではなく「その立場でしたら大変ですよね」と相手の心に寄り添った上で、適切な提案を行う。相手の状況や信条を尊重し、税理士としての責務を果たすよう努めるのだ。

信頼を寄せてくれている依頼者の声を全て汲み取り寄り添う

一般的に、税理士をはじめとした士業の仕事は是耶非耶のイメージがつきまとう。しかし、「税理士の仕事ではそうではない」と小林代表はいう。

「税理士の仕事においては、事象を多面的に見ることで成否が分かれる、捉え方がまったく異なるといったシーンがよくあります。だからこそ、自分の税理士という立場だけではなく、相手の気持ちに思いを馳せ、一緒に考えることで本当の意味で正しい提案ができると考えています」

こうして、人と人の対話を大切にする小林

代表は、「依頼者さんからはよく、税務とはまったく関係のない人生相談をされることもあります」とのこと。

実力をつけ、満を持してＡｓｔｒｕｓ税理士事務所を開設
スタッフの意見やノウハウを取り入れ事務所をブラッシュアップ

２０２２年1月に開業したＡｓｔｒｕｓ税理士事務所。もともと小林代表は独立するまでの15年間、大手税理士法人などに所属し、プレイヤーとしてトップクラスの成績を残すと共に、管理職としてマネジメント業務にも携わっていた。その中で自身は、現場と管理職の立場で揺らぎ葛藤した。次第に「依頼者にもっともっと寄り添って仕事をしたい」といった気持ちが高まっていった。あらゆる業種・業界の幅広い業務をこなして経験を積むうち、「独立してもやっていける」ほどに実力をつけた。

そして満を持して独立し、Ａｓｔｒｕｓ税理士事務所の代表として新たな一歩を踏み出したのである。

２０２４年で独立から3年目に突入した。ここまでの歩みについて小林代表に伺うと「独立してよかった」といったポジティブな感想。そして「人を雇うことの重み」といった新たな苦労について話してくれた。

「独立し、現在では非常に多くの依頼者が信頼を寄せてくれています。自分を頼ってきてくれる依頼者の声はすべて汲み取り、プレイヤーとして携わりたい」と小林代表。「しかし、依頼者が増えるにつれ自分のキャパシティーのみではまかなえなくなります。特に、独立した場合はプレイヤーとしてだけではなく経営にリソースを割く必要があり、自分がやるか人に任せるかのバランスが重要になってきます。そのバランスに悩んだ2年間でしたね」と小林代表は回顧する。

確かに、企業など多くの組織において、営業活動を行い仕事が舞い込むもののキャパオーバーとなり人を採用する。しかし、人材育成がうまくいかず離職が続くといった負のサイクルが見られるケースはよくある。

「人がすぐに辞めてしまうような組織にはしたくないなと。スタッフには長く働いて欲しいですし、いろんな面で無理をさせたくない。ワークライフバランスを意識して働いてほしいと思っています」

さらに小林代表は、「キャリアや年齢に関係なく、スタッフからの意見をどんどん聞き入れ、いいものは取り入れていきたい」と話す。目まぐるしい変化が続く世の中において、従来の当たり前は通用しない。どれほど経験を積んだ税理士であっても時代が変われば経験だけでは戦えなくなり、依頼者にとってベストな選択肢を選べなくなる。

だからこそ、「事務所に携わってくれるスタッフからの意見を積極的に取り入れ、事務所をブラッシュアップし、独自のカラーをつくりあげていきたい」と語る。これから税理士として活躍を目指す若者などにとっても、このようにありがたい職場はないだろう。

関わるすべての人を幸せにする「いい循環づくり」「失敗しない」、「責任を持つ」、「自分を褒める」という3要素

小林代表が仕事を行う上で大切にする「いい循環づくり」。これは、「関わるすべての人が幸せになっていく」という意味合いだ。損得を考えず、ただ相手が喜ぶと思う取り組みをひたすら実践する。利他の心である。

依頼者がよりよい人生を歩んでいけるように全力でサポートしている

時には何の利益ももたらさずに終わることもある。しかし『こんなにも自分のためにやってくれたのか』との気持ちが相手に残り、数年後、数十年後に還ってくることもあるのです」と小林代表。

今は大きな成果が出なくとも、相手の心の片隅に自分の存在を留めてもらい、やがて何かの形に結びつけば、といった心持ちで業務に励んでいる。

近年、結果を急ぐ風潮が様々な環境において見られる。結果が出なければすぐに取りやめ、新たな方法へといった考えが主流になる中で、長期視点での行動は並大抵の覚悟でできることではない。小林代表が実践する、損得を抜きにした「いい循環づくり」は、依頼者のためを突き詰めたからこそなせる取り組みだろう。

ほかに小林代表が仕事を行う上で大切にするのは、「成功するのではなく失敗をしないこと」、「責任を持って仕事をすること」、「自分を褒めること」の3つだ。「失敗さえしなければ、『あの人に任せておけば大丈夫』という評価に繋がりますし、責任を持って仕事を行えば、顧客満足度に繋がります。そして、仕事を終えてオフモードの時は自分を褒めて労わることも大切にしています。それがまたいい仕事をすることに繋がりますから」

座右の銘は「後悔のない人生を」「税のこと、お金のこと、人生のこと。どんなことでも相談して欲しい」

小林代表の座右の銘は「後悔のない人生を」というもの。この考えを自身の行動はもちろん、依頼者への対応でも貫いている。

税理士が携わるのはあくまで税制面の最適な手法の提案であり、最終的な判断は経営者や企業の担当者が行うものである。税理士は客観的にアドバイスを行うに過ぎない。しかし、お金の問題は複雑なため、専門家に一任し、丸投げしたいと考える依頼者も少なからずいる。この丸投げを、小林代表は許さない。

「人に物事を決められて失敗すると後悔します。丸投げして失敗した後に、『よく話を聞いておけばよかった』と後悔し、怨恨が残ることもあるでしょう。それは誰のためにもなりません」

「だからこそ私たちのアドバイスをもとに依頼者は熟考し、考え抜いた上でご自身で判断してもらえるとうれしいですね。確かに、決算書をはじめとした様々な書類を読み解くのは難しいですが、分かりやすくお伝えするなど、我々専門家はしっかりサポートさせていただきます」

小林代表は、依頼者と一緒になって悩み、考え、最終的に依頼者自身にベストな選択をしてもらうといった、いわゆる伴走型のスタイルで業務を進める。

「『小林さんにお任せします』は許しません。何故ならどのような立場の方であっても自分で一生懸命に稼いだお金を無駄にして欲しくはないからです。大切なお金をよりよく使っていただき、人生をより楽しんでもらいたいのです」

本当の意味で、依頼者に寄り添う姿勢を徹底しているといえる小林代表。そんな小林代表に、最後に読者

いい環境づくりを目指し、相手が喜ぶ取り組みを行う

へのメッセージを伺った。
「『誰に相談したらいいか分からない』といった時に私にお声がけいただきたく思います。私たちはみなさんのあらゆる困りごとに対して解決法を編み出せる窓口になりたいと考えています。お金のことはもちろん、人生そのものについて『本当にいいのか。よりよい方法がないのか』とクエスチョンを抱えた際、一緒に考えて最適な提案ができる事務所を目指しています。『背中を押して欲しい。不安を解消したい』と能動的に取り組まれる方を、私は全力で支援いたします」

依頼者に寄り添うということは、重要な判断も含めてすべてを一任され請け負うことではない。依頼者が自分の足でより良い人生を歩んでいけるためにサポートするのが小林代表の役割である。すべては依頼者の幸せ、利益のために。

税理士としての豊富な知識やノウハウと、1人の人間としてあらゆる面で優れたバランス感覚を併せ持つ小林代表。多くの税理士がひしめく業界の中にあって、ひときわ個性的で、頼もしい存在だ。

PROFILE

小林 良和（こばやし・よしかず）

立教大学経済学部卒業後、某都内監査系税理士法人に入社。

税理士試験合格後は、世界４大ファームの税理士法人、弁護士・税理士の共同法律事務所、都内某税理士法人にて実務及び人材教育、経営のマネジメントを経験。

INFORMATION

Astrus 税理士事務所（アストラス ゼイリシジムショ）

https://www.astrus-tax.jp/

所在地

〒151-0051
東京都渋谷区千駄ケ谷 5-32-4
新宿パークサイドビル 2F
TEL　03-5315-0641
FAX　03-5315-0642

アクセス

JR 各線「新宿」「代々木」駅より徒歩７分
地下鉄各線「新宿三丁目」駅より徒歩２分

業務内容

個人・法人の各種税務書類の作成、会社設立、事業計画の作成、金融機関との折衝、経理指導・自計化、研修の講師を派遣、M&A・組織再編・財務デューデリジェンス等の特化業務など

営業時間

〈月～金〉9：00 ～ 17：30
〈定休日〉土・日・祝

設立 2022 年１月

代表挨拶

はじめまして。Astrus 税理士事務所の代表税理士の小林良和です。

当事務所ではお客様への「レスポンスの早さ」を第一主義として、迅速かつ正確で、丁寧な業務の提供を心がけています。

お客様と共に発展していけるような「win-win」な関係を築きつつ、士業特有の堅苦しさを払拭し、お客様がなんでも相談できる事務所づくりを目指しています。

業種や規模に関係なく、あらゆる分野の税務業務に対応しております。

そのために同業及び他の専門家との連携もしております。

誰に何を相談したらいいかわからないと疑問に思った時の、最初に頼られる存在として思い出される事務所を目指し、日々精進してまいります。まずはご相談ください。

今後とも Astrus 税理士事務所を宜しくお願いします。

BIZARQ Group

吉岡和樹　吉岡伸晃　村上晋一朗

磨き続ける専門知識とスピード対応で、
クライアントの利益の最速実現を

リモート体制を活かした「スピード感、レスポンスの速さ」

それぞれの持ち味が相乗効果を生む共同経営

ＢＩＺＡＲＱ Ｇｒｏｕｐは２０２１年７月６日に設立された複数の士業事務所やコンサルタント会社で構成するグループだ。立ち上げたのは共同代表の吉岡和樹氏と吉岡伸晃氏。グループを形成する事務所には会計事務所や行政書士事務所、社会保険労務士事務所などがあり、カバーする業務は実に幅広い。今年２０２４年２月には、弁護士の村上晋一朗氏が新たにＢＩＺＡＲＱ法律事務所を開設し所長に就任した。リモート専属のスタッフを多数抱えているところも特徴で、オンライン対応を活用し地方の依頼者からの要望にもスピード感を持って丁寧に対応している。

各々の個性や持ち味、そのルーツはそれぞれ異なるが、互いの存在が良い刺激となり、組織に活力が生まれている。

得意分野の異なる３人が力を合わせて作り上げた専門家集団
目指すのは、経営者の悩みを全方位的に解決できる真に総合的な士業事務所

ＢＩＺＡＲＱ Ｇｒｏｕｐにおいて、伸晃代表は会社全体の組織や構成をデザインし、将来のビジョンを設計するアイデアマンだ。村上代表による法律事務所の立ち上げも、伸晃代表が考案した。

和樹代表は社内のマネジメントを担当している。その持ち味は業務に対するストイックな姿勢。会社組織のあり方や成長の過程など、常に課題を見つけて改善することに余念がない。

また村上代表は弁護士として、顧客や経営上で発生したリスクの問題解決に貢献。経営者としての目線を持ち合わせている２人をそばでサポートする。

複数の代表がいる組織は方針の違いにより揉めるケースも少なくないが、和樹代表は「折角、共同で運営

複数の士業で密に連携しながら経営者の悩みを解決していく

するのだから、お互いに気持ち良くやりたいと思っている」と会社設立当時を振り返った。

代表を務める3人は、それぞれ士業の各分野の専門家として別々の道を歩んでいた。和樹代表は、２０１４年に会計法人を設立。営業代行に頼らず、周囲からの紹介のみで顧問先を１００社超に増やすなど、信頼の厚い実務家である。

伸晃代表は有限責任あずさ監査法人で公認会計士として6年間の勤務後、「より依頼者様に身近な立場から仕事がしたい」という想いを抱いて退職。29歳で税理士登録を行う。

２０２１年7月には、ＢＩＺＡＲＱ合同会社を設立。社名の「ＢＩＺＡＲＱ」（ビズアーク）は、仕事の「Ｂｉｚ」に、架け橋の「Ａｒｃ」＋高品質の「Ｑｕａｌｉｔｙ」を組み合わせた造語で、１００に近い候補名の中から決めたという。

一方、村上代表は弁護士5～6人規模の法律事務所に所属していた。企業を中心とする様々な業種の顧客の幅広いニーズに真摯に向き合う、仕事の質にこだわる職人気質の事務所だった。そこで、先端的な事業開発の相談から私人の個人事件までこなして弁護士としての地力を磨きつつも、「新たな挑戦をしたい、同世代の他士業が気軽に話し合いながら、士業の障壁を超えた一気通貫の専門サービスを機動的に提供できる事務所を作りたい」という思いを育んだ。

そんな中、2022年に知り合いの社労士を介して伸晃代表と出会ったことが村上代表の人生の岐路になった。何度か会ううちにお互いの価値観や進む方向性に共感を持つようになり、2023年の冬に法律事務所の開設を決意した。

BIZARQ Groupが目指すのは、複数の士業が所属していながら連携が取れていない旧弊的な「総合事務所」の在り方から解放された、真の意味で依頼者に寄り添える総合的な士業事務所。その実現のために弁護士が所属する法律事務所の設立を必要としていた。こうして2024年に村上代表が設立したBIZARQ法律事務所が迎えられ、BIZARQ Groupは現在の形となった。

2024年2月に開設して以降、すでにグループの顧客企業から相談を受けた労災事件において、請求者側と迅速に交渉対応して大幅に減額した金額で和解を成立させるなど、早くも相乗効果が発揮されている。

設立から約3年が経過したBIZARQ Group。供給過多と言われる士業の業界の事情も影響して、「人材の定着率や仕事の質、会社の組織力の向上、リモートワーカーが多いので組織文化の醸成が容易でないことなど、継続して取り組むべき課題は多い」と和樹代表は考えているが、組織体制は着実に成長しており、顧客の信頼も得られるようになってきている実感もある。

急な要望にも速やかに応じられるリモート体制を構築
遠方の顧客に対しても安定したサービスの提供が可能に

BIZARQ Groupが提供可能なサービスはコンサルティング業務や社労士業務、税理士業務、資金

リモートワーク体制の構築で担当者間の提携もよりスムーズに

調達業務、クラウド会計導入支援など多岐にわたる。

ＢＩＺＡＲＱ Ｇｒｏｕｐを形成する会計・行政書士・社労士・弁護士の各事務所が有機的に繋がり、レスポンスの早いスピード感のあるサービスを顧客に提供することを信条としている。

そんなＢＩＺＡＲＱ Ｇｒｏｕｐの強みは大きく分けて4つ。「リモートワークへの対応」「スピード感のある対応」「ワンストップサービスへの対応」「融資への対応」だ。その具体的な内容を順番に見ていこう。

1つ目の強みである「リモートワークへの対応」。スタッフの数は正社員やアルバイトを含めておよそ40名で、うち7割の人員がリモートワークである。

充実したリモートワーク体制が構築されていることで、顧客との打ち合わせもＺｏｏｍ等のオンラインで実施することができる。案件に携わる複数の担当者の参加・情報共有を実現させたことで、従来の対面での打ち合わせよりも時間を短縮することが可能となった。

こうした情報共有が担当者とのスムーズな連携に繋がり、顧客へのレスポンスもより迅速に対応できる。常に素早い決断が要求される経営者の立場からすると、「ささいなことでも、気付いた時点で気軽に相談でき、常に最善の経営判断ができる」のは、リモートワーク体制がもたらす大きなメリットだ。2つ目の強みである「スピード感のある対応」が提供できている。

また、オンライン対応のシステムを駆使することで時間短縮のみならず、移動コストもカット出来る。そのため遠方の顧客に対しても柔軟な対応が可能だ。

熊本のとある新規顧客の案件を、熊本在住の同社スタッフが対応したところ、従来顧問を務めていた他事務所よりも短時間で実効的な提案が可能となり、解決までのスピードを評価をされたケースもある。

和樹代表は「ＢＩＺＡＲＱ Ｇｒｏｕｐではオンラインを活用する仕組を構築し続けてきました。そのため、経営相談でお困りの地方の経営者に対しても、東京で提供しているサービス水準と同品質のサービスを提供できると自負しております」と語った。

成長著しい向上心にあふれた経営者をサポート 重点的に強化していくのは「クラウド会計の導入支援」

リモートワーク体制の構築による顧客への迅速な対応に加え、会計事務所と社労士事務所を併設している強みを活かし、ベンチャー企業等設立間もない企業をワンストップ体制で手助けできるのが、ＢＩＺＡＲＱ Ｇｒｏｕｐの3つ目の強みだ。グループを形成する各士業事務所で包括的に対応することで、経営上の悩み

経営者の明るい未来とスタッフの幸せを実現できる事務所を目指す

を幅広く請け負っている。

4つ目の強みである「融資への対応」は、「資金繰りがうまく行かずに潰れてしまった優秀な企業はたくさんある。そうした有望な企業を少しでも助けたい」という強い想いが原動力となっている。融資のアドバイスや資金繰りの管理など、成長期の新興企業にありがちな課題や問題を速やかに解決。また、計画的な資金調達の立案や申請など、経営者が本業に集中できるサポートを提供している。

今後はコロナ禍の収束で見直される融資のスケジュール交渉も増えてくると想定している。このように刻々と変化する市況や会社の経営に対し、サポート体制を更に手厚くしようと取り組んでいる。

その一例として、「クラウド会計の導入支援」業務も強化したいと考えている分野だ。

将来性のある企業の経営や資金状況の管理業務といった会計業務についてクラウドでの対応を可能にすることで、財務の業務軽減や適時性の高い管理を可能とし、企業を財務面、資金繰りの側面からサポートする。

経営者を激励しサポートしていくという認識を共有
お互いに覚悟を持って、会社の成長に全力で取り組む

経営改善について真剣に取り組んでくれる経営者に対しては、3人の代表も覚悟を持って全力でサポートしようと考えている。和樹代表は「自戒を込めて言うのですが、経営者は自分を律することが重要です。体調や生活習慣などの自己管理、資金の管理も然り。なかなか難しいのですが……自身を律すれば会社も律することに繋がるからです」と説明する。

村上代表は自身が大切にしている言葉「犬馬の労」（けんばのろう）を引き合いに出し、経営者の覚悟に言及する。この言葉には「主君や他人のために力を尽くして働くこと」という意味がある。「弁護士は依頼者の盾となり、鉾となる重要な役割を担います。しかし仕えるに足りない主人に対しては、犬も時には噛み、馬も振り落とすことがあります。我々も腹をくくって取り組むので、経営者の方にも気概を持って我々を最後まで上手く使ってほしいと考えています」

伸晃代表は、自分の持ち味は「自身を含め、物事を俯瞰すること」だと語る。それゆえ、会社組織全体を見渡して、全体最適を見つけ出していく役割が向いているのかも知れない。「自身が関わった顧客がチャレンジした結果、その人の人生が変化し、好転していく様をそばで見ているのは楽しいもの。まさに人生のエンターテインメントだと感じる時です」と語る。

顧客である経営者を激励しサポートしていくという考えは同じだが、三者三様の価値観や見方がある点は興味深い。

課題は「次世代を担う新しい人材の発掘と育成」理想は共に働くスタッフも幸せになれるやりがいのある職場

まだまだ若い事務所で、さらなる飛躍や発展が必要だと認識している3人の代表。これからの共通した課題は、「次世代を担う新しい人材の発掘と育成」だと指摘する。事務所の成長は、組織とそれを構成するスタッフの成長と密接にリンクしていると考えている。

和樹代表は「各々のスタッフの幸せを実現できる働き方ができる事務所にしていきたい。たとえば、子育てで仕事を離れているが優秀な人材も必ずいる訳で、そういった貴重なスタッフが増えていけば」と抱負を語る。

同グループには顧客の人生を好転させると同時に、会社で共に働くスタッフも幸せになれる――そういった理想の事務所に育てていこうという壮大な目標がある。毛利元就の〝三本の矢〟ではないが、異なる個性や持ち味を組み合わせた共同経営が総合力を発揮し、無類の強さを体現していく将来に興味が尽きない。

PROFILE

吉岡 和樹（よしおか・かずき）

中堅会計事務所に7年勤務後、2014年に会計法人を設立。前進の企業では紹介のみで顧問先110社へ成長。2021年7月、BIZARQ合同会社を設立。社員は事務所スタッフ以外にも、リモートスタッフ25名程度を抱え、全国の優れた人材を採用に積極的。顧問先から頼られる実務プレイヤーとして対応。

吉岡 伸晃（よしおか・のぶてる）

KPMG、有限責任あずさ監査法人へ6年間勤務。勤務期間は、製造、証券、不動産、ソフトウェア等の業種に従事し会社規模は10億円〜3兆円規模と様々な会社規模の監査業務に従事。

2021年8月に公認会計士・税理士・行政書士として独立。

村上 晋一朗（むらかみ・しんいちろう）

上智大学卒業。東京大学大学院法学政治学研究科法曹養成専攻修了後、2016年1月から法律事務所イオタに所属して弁護士として活動を始め、2021年1月から同事務所のパートナー弁護士を務める。中小企業・ベンチャー企業の顧問業務全般、中でも労務案件、M&A・事業承継案件、債権回収案件、内部調査案件等を数多く取扱い、その他離婚・交通事故等の一般民事を含め訴訟・調停事件も幅広く取り扱う。2024年2月、BIZARQ法律事務所開設、所長就任。

INFORMATION

BIZARQ Group

https://bizarq.group/

所在地 〒160−0022 東京都新宿区新宿5−1−1−1004 TEL 03−6709−9254	業務内容 コンサルティング業務、税理士業務、弁護士業務、社労士業務、助成金・補助金業務、資金調達業務、クラウド会計導入支援
アクセス 東京メトロ丸の内線「新宿御苑」駅より徒歩5分 東京メトロ丸の内線、副都心線「新宿3丁目」駅より徒歩8分	営業時間 〈月〜日〉9：00〜18：00

設立 2021年7月6日

BIZARQについて

起業家を支える存在
未来を見据え、一緒に歩んでいきます。
つないでいく心、つないでいく企業、高い専門力で叶える未来
仕事の「Biz」に、架け橋の「Arc」＋高品質の「Quality」が弊社BIZARQです。

神戸マリン綜合法律事務所

弁護士　西口 竜司

依頼者とはご縁で繋がっている
一期一会でやっていきます

人との縁を大切に、人と向き合う
“気軽に相談できる弁護士”

個人の相談から企業経営、寺院法務まで幅広く活躍する

神戸市垂水区の明石海峡大橋も程近い位置にある白亜のマンション。その上階の海を臨む一室にあるのが、神戸マリン綜合法律事務所だ。

同事務所を立ち上げたのは「友達みたいに気軽に相談できる、やわらかい弁護士」と評される西口竜司弁護士。優しい印象を持つお洒落なＨＰは、彼をイメージして作られたということからも人柄が伺える。

西口弁護士は、依頼者に対し分かりやすい話し方と、素早いレスポンスを心掛けるクライアントファーストを徹底。そして、落ち込んでいる依頼者には『人間万事塞翁が馬』、いつ幸福に転じるか分かりませんよ」などと励ますことで、親身に寄り添い依頼者の心まで勇気づける。拠り所にしたいと感じさせられる弁護士だ。

父の苦労を見て弁護士を志す　垂水で開業するまでの苦労の日々
3つの柱に力を入れ一期一会の精神で依頼者と向き合う

西口弁護士が、初めて〝弁護士〟という職を意識したのは小学6年生の頃、担任に『弁護士が向いている』と言われたことがきっかけ。本格的に弁護士になることを考え始めたのは中高生の時分、父が営む建築業を手伝い始めた時である。

建築業界では一般的に、契約書を書かないという。「そのせいで、父が請負代金を回収できず、悔しい思いをする所を見ていました」

また、現場で働く人々に法律や契約の問題が周知されておらず、権利が護られていないことにも思うところがあり、「法律の世界ならば彼等の助けになれるのでは」と同志社大学の法学部へと進路を決めたのだ。

しかし、大学では就職活動や部活動に忙しく、法曹界に入るまで少し時間が掛かってしまった。司法試験のため大学院へ進学、更に法科大学院が出来たばかりの甲南大学へ進み、合格へ向けて奮闘することになる。

この苦難の時期に先輩から教わり、今も支えにしている言葉がある。

「弁護士を目指すことで、既に未来の依頼者との約束が始まっている。将来の依頼者とは会うべくして会う、必死にやりなさい」というものだ。西口弁護士はこの言葉を支えに勉学に励んだ。そうして2007年の第1回新司法試験で合格を果たし、ひまわりと秤のバッジを預かることとなる。

大阪で勤務弁護士を務め、2013年には神戸マリン綜合法律事務所を開業する。今でこそ競合する弁護士事務所が多い神戸三宮への移転を検討しているが、当時の状況では「新参者が参入しシェアを取るのは難しい」と判断、その近隣地域での開業を検討した。そうして、人口に対して弁護士が少ない垂水区に着目し、地域住人が抱える問題を解決しようと事務所を構えることにしたのだ。

同事務所は3つの柱に力を入れる。一般民事、中小企業に関する法務、そして寺院法務だ。

一般民事では、地元垂水区で起こる離婚や相続などといった、様々な法律問題を解決する。西口弁護士に、その中でも印象的な事件について伺った。

当初、刑事事件の被告人だった依頼者が、解決から約5年後に家族間の問題で再び事務所を訪れた。依頼者は少し遠方に住んでいたが、『刑事事件を担当してもらった時に、この人しかいないと思った』と、私を頼って来てくれました」。問題解決後は依頼者に『人生の重要な局面で助けてもらっている、その気持ちに恥じないように頑張りたい。先生にすがって良かった』と言って貰いました。嬉しく思い、やりがいを感じましたね」と西口弁護士。

「依頼者とはご縁で繋がっている。出逢いは偶然なのだろうけれど、一期一会の精神でしっかりやっていきます」

弁護士と中小企業診断士の立場から問題を解決する破産してしまう前に「気になることがあったら、まず相談を」

西口弁護士はトラブルを未然に防ぐことを目標に、顧問業務や企業訪問を行っている。顧問業務では全国津々浦々の54社と顧問契約を締結。オンライン相談も行うなど、世間のニーズに沿った形で経営者のため奔走している。

「法律の問題から派生し、経営的な話を伺い、意見を申し上げる。労働問題にならないように人事評価システムを見直す、という話もします」

特に多い相談は、問題社員についてのトラブルと、その予防だ。「問題社員に辞めてもらうための手続きや、争うことになった場合の対策を考え、就業規則を変えるなどの対策を行います」

また、西口弁護士は「経営を理解しなければ企業のサポートはできない」と考え、中小企業診断士の資格を取得。マーケティングや金融機関との交渉、経営診断書の作成といったコンサルティング業務も行う。

「経営者自らマーケティング活動を行おうとしても、上手くできないことが多いです。しかし、客観的に見た方法で資金繰りが酷い状況から抜け出せる場合があります。第三者の目線を入れることで突破口が見つかるのです」

事務所はJR「垂水」駅よりすぐの好立地で海を臨むことができる

経営の相談から顧問契約を締結する場合もある。「弁護士に相談するのは敷居が高いが、経営の問題を相談するついでなら」という経営者もおり、診断士の資格を持っていることで、弁護士としてもアプローチができているのだ。

弁護士へ相談に来る依頼者は、破産が決まっている状態が殆ど。しかし、「中小企業診断士には会社が少し弱っている段階で相談してくれます。その段階ならば、打つ手もあり破産せずに済む。破産すれば従業員の方は大変な思いをし、社長の人生も狂ってしまいます。早めに相談して欲しいですね」と、西口弁護士は思いを述べた。

経営相談ではこんなエピソードがある。依頼者は、どこへ相談しても破産を提案されたという経営者。西口弁護士は「貴方が本気なら会社を立て直す手段は幾らでもあります」と伝え、私的整理の手続きを行った。依頼者は勇退したが、「先生に会えて良かった。そうでなければ、私はあの時、死んでいたかもしれない。生きているのは貴方のおかげだ」と感謝されたという。西口弁護士と縁があったことで、依頼者の人生は狂わずに済んだのだ。

「経営者は孤独な立場にいる方も多く、寄り添うことが難しい場合もあります。それでも、彼らの心まで癒せるような存在でありたいですね」

また、父と同じ建築業の会社には必ず契約書を作るよう伝えている。元来、契約書を作らないのは、相手に「信頼されていないから契約書を作るのだ」と捉えられる危惧があるからだ。そのため西口弁護士は「弁護士に『契約書を作れ』と言われたと伝えていい」と言い含めている。弁護士を志した際の、初志に則った振る舞いだ。

「気になることがあったら、まず相談して欲しい」と、西口弁護士は訴える。「経営者さんは嗅覚が鋭い方ばかり。『誰かに話をしておいた方が』『この契約は騙されているのでは』と頭に浮かんだタイミングで相談してください」

中小企業診断士、弁護士、両方の立場から解決へ導く。その立ち位置は西口弁護士ならではのものである。

寺院法務に力を入れる貴重な弁護士
山積した問題を解決してくれる頼れる専門家

西口弁護士ならではの仕事には、寺院法務も挙げられる。

寺院法務に携わることになったのは「事務所を構えて1年目の、まだ仕事が少なかった頃。あるお坊さんから『お寺に関する法律を扱う弁護士がいない』とご連絡を受け、お話をさせていただき、導かれたことがきっかけです」という。

寺院法務は、依頼者が半年かけ全国の弁護士事務所に相談して回った例もあるように、取り扱う弁護士が少ない。その問題は、西口弁護士の元へ辿り着いてみれば3日で解決したという。「当座の問題だけでなく、お寺では多くの法律業務が放置されています。税理士や専門家が身近におらず、相談先が分からないまま沢山の問題に追われ、悩まれている方も多いのです」

寺院の建造物を建て直す際や、納骨堂を作る際の手続きなど、日々寄せられる相談事は様々。問題は公的なものに限らず、交通事故や隣家との境界線などの、一般的なものにまで渡る。それらの手続きのサポートやアドバイスを始めとし、寺院法務について

「経営者は孤独な立場の方も多く、寄り添うことが難しい場合もありますが、彼らの心まで癒せるような存在でありたいですね」

多種多様な相談を受け付けている。

西口弁護士になら寺院が安心して法務を任せられるという点は他にもある。「日蓮宗だとお坊さんをお上人様と呼びますが、真言宗だとこの呼び方は怒られます」などといった、宗派による慣習の違いを熟知していることだ。また、寺院には企業や個人にはない作法もある。「お寺を訪問したらまず本堂へ赴き、ご本尊に挨拶をした上でご住職の所へ向かわなければなりません。いきなり住居へ伺うと、礼儀知らずだと思われます。このような慣習は仕事の上で学びました」

西口弁護士の実力や知識の深さを裏付けるように、全国から声が掛けられ「お坊さんやお檀家さんへ向けたセミナーを行っています」という。「普通ならばあり得ないことですが、高野山真言宗でご住職向けのセミナーを行い、弘法大師様の像が鎮座しているお隣でお話しをしたこともありました」

寺院法務について「ご縁があったのですから、力を入れて取り組んでいかなければ」と語る西口弁護士。その確心ある様子は、問題があった際に頼るべき先を如実に示している。

辰巳法律研究所での講師業は「人の人生に関わる仕事」最終関門となり得る論文答練の教鞭をとる

同志社の大学院時代から辰巳法律研究所に勤め、論文答練の教鞭をとる西口弁護士。論文答練で何度も不合格になる受験生は多いため、『予備校界の最後の砦』とも称される存在だ。

西口弁護士は、傷ついた状態でやってくる受験生について「彼らは実力がないわけではなく、勉強の仕方や考え方が少しずれているだけなのです」と優しく道を示している。自身も苦労した経験があるため「気持ちがよく分かりますから、一緒に受験結果を見に行き、合格して泣いているところを見た時の喜びはひとしおです」と優しい声音で話した。

また、予備校講師の仕事は、普段の業務にも役立っている。日々法律は変わり、試験ではその最新の問題が出されるため、仕事の上で知識がアップデートできるのだ。更に、講義での振る舞いはセミナーの際にも活かされている。一挙両得の成果だろう。

加えて関西大学、近畿大学、立命館大学のエクステンションセンター等で法律職の講師を務めるほか、教鞭をとる先は多岐に渡る。講師の仕事を「人の人生に関わる仕事」だと語る西口弁護士。彼が培ってきた知識が水となり陽となって、大輪のひまわりを咲かせているのだ。

ＡＩに対する理解を深め事務所も顧問企業も効率化
ご縁を大切に人の心に寄り添う

「ＡＩに対する理解を深めたい」と西口弁護士は展望を語った。その先駆けとして、同事務所では契約書チェックにＡＩを取り入れている。

契約書チェックは30分ほどで返ってくることを依頼者に期待されるが、従来ならば5時間もかかる作業。「ＡＩを使えば、契約書によくある問題点を自動で検出してくれます。そこから気になる部分を手動で修正すれば20分で提出できる。かなりの業務効率化が図れます」

また西口弁護士は、自身が知識を得ることで、顧問先でもＡＩを活用できるよう普及したいという。業務効率化を図ることで経営改善が見込めるためだ。

加えて「これからは寺院もＡＩを用いる時代」だと西口弁護士はいう。中でも画期的なのは、納骨堂をメタバース空間にするシステム。空間内で疑似的に故人と再会でき、住職も現れ供養ができる。遺族の故人に

依頼者に対し、分かりやすい話し方と、素早いレスポンスを心掛けている

逢いたいという願いと、供養したいという想いを叶えるものだ。寺院とＡＩは一見結びつかない単語であるが、故人を偲ぶためにこれほどマッチする組み合わせもないだろう。

ＡＩに仕事を奪われるという論調もあるが、西口弁護士は「ＡＩが発達しても弁護士の仕事はなくなりません」と断言する。「交通事故や相続の事件は、依頼を受けた時点から結論が変わりません。しかし、戦う姿勢でいることや話を聞いてもらうことで、気持ちが落ち着いていくのです」

また、依頼者の落ち込みが激しく「私ではその人の心を晴らすことはできない」と感じた際は、「お坊さんの力を借りることもあります。経典や聖書に記されている言葉は、どこか人の心を楽にするのでしょう」

西口弁護士は「人と繋がり、人に助けられることで仕事ができています。つくづく、ご縁は大事ですね」と謙虚な姿勢を崩さない。しかし、西口弁護士に縁が巡ってくるのは、その人徳と海のように広い心によるところだろう。そう、深く得心させられた。

PROFILE

西口 竜司（にしぐち・りゅうじ）

大阪府門真市出身。

同志社大学法学部法律学科卒業。甲南大学法科大学院修了。


【所属・活動】

兵庫県弁護士会、近畿税理士会、兵庫県中小企業診断士協会所属。辰已法律研究所専任講師、兵庫県立大学大学院非常勤講師。


【著書】

「寺院経営の法律・会計・税務・実務　宗教法人の法律と税務」／編著：西口竜司、「ファーストステップ法学入門」、「ファーストステップ企業法入門」、「ファーストステップ改正民法」等多数。

INFORMATION

神戸マリン綜合法律事務所

https://kobemarin.com/

所在地
〒655-0892
神戸市垂水区平磯 4-3-21 フェニックスＫⅡ 902
TEL 078-708-1919　FAX 078-708-1939

アクセス
山陽電鉄本線「山陽垂水」駅、
JR 神戸線「垂水」駅東口より南側に徒歩１分

営業時間
〈月～金〉9：30～18：30
〈定休日〉土・日・祝（夏期、冬期休業）

業務内容
遺言作成、相続全般、生前贈与、信託、事業承継、契約書作成・リーガルチェック、債権回収、労働問題、株主総会、離婚問題、交通事故、債務整理、労働トラブル、近隣トラブル、不動産トラブル、知的財産トラブル、会社の破産・精算、会社設立、事業承継、寺社規則等の改定、寺社法務、後継者問題、墓地や納骨堂に関する問題など

設立 2013 年

ご挨拶
依頼者さんからお話をうかがっていて、よく思うことがあります。それは「もっと早くに相談してくれればよかったのに」ということ。
小さな悩みごとが大きなトラブルや事件になってしまう前に、友達のように気軽に相談できる弁護士がいたら。「相談するほどでもないかな？」と思うことでも、実は弁護士が力になれる場合も数多くあります。
かかりつけのお医者さんや町の電気屋さんのように、地元の暮らしを支えることのできる存在でありたい。神戸マリン綜合法律事務所は、気軽になんでも相談できる神戸・垂水のまちの法律事務所を目指しています。

田阪法律事務所

代表　田阪 裕章

1件1件に真摯に向き合い、
『できることは全てやり尽くした』
と言えるように心掛けています

相続分野の豊富な知識と経験をもつ法律事務所

確かな手腕で依頼者の人生を手助けする

大阪市北区。梅田に現代的なビルが立ち並ぶ一方で、中之島には大阪中央公会堂や中之島図書館といった歴史ある建築物が現存しており、過去と現在が混ざり合うレトロモダンな雰囲気が特徴だ。観光客やサラリーマン、学生といった人の動きも活発なこの地に、田阪法律事務所は位置している。

代表の田阪裕章弁護士は、勤務弁護士時代から積み上げた経験と確かな手腕により依頼者に寄り添ったアプローチを可能としている。その手腕を頼り、またセカンドオピニオンを求めて彼を尋ねる依頼者も少なくない。特に注力している分野は、人生において重要な局面といえる相続。依頼者にとって重大な意味を持つ相続問題に、田阪代表は日々向き合っている。

人生の転換点となった「司法制度改革」
多様なケースに取り組んだ経験が今も活きる

田阪代表はもともと郵政省や総務省に勤める公務員だった。そんな彼が弁護士への道を選んだきっかけは日本で巻き起こった「司法制度改革」だ。

改革以前の日本は「事前規制型」。個人や企業の活動、利害は主に行政の指導や規制により調整される社会構造だった。

しかし2001年、小泉内閣による「構造改革」が推し進められた結果、社会構造は「事後救済型」へと形を変える。それに伴って起きた「司法制度改革」によって、社会における法律の役割が見直されていった。

「国民が自らの責任の下で自由に行動し、紛争や対立が生じた場合は法律を用いて解決する。当時の私はこの新たな法律の在り方に共感し、弁護士を志すようになったのです」

弁護士となってから勤務した事務所では、医療過誤を中心とした日々舞い込んでくる多種多様なケースに、選り好みすることなく取り組んだ。

「医療過誤のケースを解決に導くには、カルテをはじめとした膨大な記録を読み込んだ上で、医学の知識も頭に入れてから、専門家である医師と議論しなければなりません。医療過誤事件を遂行することはかなり難易度の高い業務ではありますが、それと共に、弁護士業務の基本もこの時期に習得しました」

遺言書の小さな不備がトラブルに発展する 万全な相続のためにも早めの遺言書作成が肝心

２０２４年1月に開業した田阪法律事務所では、遺産相続の中でも「遺言書」や「事業承継」、「遺産の使い込み」が関わるケースに注力して取り組んでいる。

「遺言書に関するトラブルは、遺言書の有効性、特に遺言者の判断能力が論点になる場合が多い」と田阪弁護士。遺言書の形式には、主に、公証役場などで公証人と共に作成する「公正証書遺言」と、遺言者の手書きによって作成される「自筆証書遺言」の2種類がある。

「遺言書の内容が自らに有利な相続人は『遺言書は有効である』と主張し、不利な相続人は『遺言者に判断能力がなかった』『形式に不備がある』などと主張したくなるものです。このような双方の意見の食い違いが紛争になります」

こうした遺言書にまつわるトラブルについて、具体例を伺った。

「一人暮らしだった母が亡くなり、遺言書が出てきましたが、その内容が『遺産は長男に全部渡す』というものでした。それを見て依頼者さん（三男）と次男は驚きと憤りを感じたと言います。というのも、長男は遠方に住んでおり、実際母親の世話をずっとしていたのは依頼者さんと次男夫婦だったからです」

「なぜこのような遺言が書かれたかというと、長男が母親にせがんで自分に有利な内容の遺言書作成を、長男主導で行ったというのです」

「この事例では、依頼者さん・次男夫婦VS長男という構図の争いになり、まずは遺言書の有効性を検討しなければなりません。判断能力が問題になりそうであれば、入通院していた病院のカルテ、介護の記録、介護保険の主治医意見書・認定調査票などの資料を収集し、場合によっては専門の医師の意見も聞きながら、検討を進めます。自筆証書遺言の場合には、形式に不備があるかどうかも慎重に検討しなければなりません」

このような遺言書にまつわるトラブルの1番の対応策として、田阪代表は「内容や作り方に気を付けながらの早めの遺言書作成が必須」だと語る。

「遺言書作成は、住宅ローン等を利用して自宅を購入するなど、資産の形成をはじめる段階でスタートすることが望ましいです。そしてその後も、資産の変動のたびに、定期的に遺言書の内容を見直していく、という手法が、遺言書の有効性を担保するためには効果的だと考えています」

自分亡き後、どのような要素が相続トラブルに繋がってしまうのかを予想するのは困難だろう。だからこそ田阪代表は「未来のトラブルをどこまで考え抜いて、どこまで準備するべきなのか、相続対策には慎重かつ周到な準備が必要不可欠です。当事務所では積極的に遺言書作成に関するご相談に取り組んでいます。勿論、トラブルを完全に防ぐことはできま

出来る限り依頼者の意向に沿った形での解決を心掛け、
専門家に早めに相談することを勧めている

せん。トラブルが起こった場合には、できるだけ早くご相談いただければと思います」と相続について早めに考えることの重要性を説いた。

株式や不動産など、多岐に渡る遺産がトラブルリスクになる事業承継
名義が複雑に絡み合う共有不動産にも要注意

企業の代表から次世代の後継者へ事業、そして遺産が受け継がれる「事業承継」も同事務所が力を入れる分野の1つだ。

「事業承継では株や不動産等、遺産の種類が多岐に渡ります。その上、相続税対策によって財産関係が複雑になり、トラブルの元になることが多い」という。事業承継のトラブルに関する事例を伺った。

「元々依頼者さんは父の営む会社を継ぐ予定で会社に属し、業務に励んでいましたが、方針の違いから父と仲違いをして会社を辞めさせられてしまい、依頼者さんの妹が専務取締役として会社の事業に携わっているような状況でした。その状況で父親が亡くなり相続が発生。依頼者さんは『生前父からは会社の株式は6割が父親名義、2割が私名義、2割が妹名義と聞かされていたのに、相続時にいざふたを開けてみると、父が3割、妹が5割、私が2割だった。何とか本来受け取れるはずだった会社の株式を取り戻すことができないか』とおっしゃいます」

「この事例では、妹が無断で株式の名義を移転させていたかどうかがポイントになります。妹への名義移転が無効であるなら、訴訟を経て、父から妹へ移った3割分の株式も相続対象とすることができます」

この事例のように、「事業をやっておられる方の相続は株式をめぐるトラブルが多くなりがち。その理由は、株式の価値の把握と株主の把握が困難であるからです」と田阪弁護士。「日本の中小企業の大半は株式

未公開の非上場の会社です。だからこそ、上記2つの把握が困難になり、それが色んなトラブルリスクを生み出すというわけです。一方でトラブルにならないようにする対策もありますので、悩まれている方はぜひ専門家を頼って欲しいと思います」

事業承継のトラブルにおいて、もう1つ気を付けるべきものである「共有不動産」。田阪弁護士に事例も交え詳細を伺った。「長年不動産事業を営んできた父が亡くなり、相続が発生。相続人は母と依頼者さん(長男)、長女、次女の計4人。遺言はありません。遺産に多くの不動産がありますが、中には土地の半分が父、もう半分が依頼者さん(長男)、土地の上に建っている建物が会社名義になっているものも。会社自体は長女が継ぎつつ、依頼者さん(長男)の法定相続分をどう確保すればいいかといったご相談でした」

「この場合は、長女が共有の不動産を含め、全ての不動産を取得した上で、長女から代償金を受け取るか、相続対象(共有不動産含む)の全ての不動産を会社に売却して売却代金の分配を受けるなどの方法が考えられます。しかし実際はそう簡単に実現しません。誰がどの不動産を貰うのかや、不動産の管理や処分をどうするのかといった問題が生じてきます」

また、「不動産が収益物件であれば、その取り合いになることや、受け取った家賃の分配を巡って揉めることも多いです」とも。「共有不動産の問題に関しても、解決法がそれぞれのケースでいくつもありますので、早めに専門家に相談することが大切です」と田阪弁護士。

相続のトラブルリスクとなる「遺産の使い込み」常に証拠を残して管理する心掛けがトラブルを未然に防ぐ

前述の遺言、事業承継と並び、田阪弁護士が注力する「遺産の使い込み(使途不明金)」。「これが起きてしまいやすいのは、被相続人と推定相続人が同居しているというケースです。その環境下でお金の管理がルーズだと、被相続人の財産からお金が流出してしまうということが起こりかねません。被相続人と推定相続人が親子関係にある場合は使い込みを増長させてしまう恐れもあります。『親子だからこれくらいは許されるだろう』と考えてしまうのです。親は親、子は子と考えて遺産をしっかり管理すべきです」

また、田阪代表が実際に担当したケースで、遺言執行者（遺言の内容を実現させるための手続きの担い手）がその立場を利用して遺産を横領しようとした事件もあったという。

「遺言執行とは無関係な費用を経費として処理していたのです。この件は刑事事件にまで発展し、最終的には遺言執行者から相続人へ約700万円を支払うことを条件に和解が成立しました」

こうした一方、遺産の使い込みを疑われて困っているというケースも。「たとえば高齢になった被相続人が、相続人である子どもたちの内1人に財産管理を依頼したとします。すると、そこで財産についての情報格差が産まれます。同じ相続人という立場である他の兄弟や親族は財産管理をしていた人物へ『遺産を使い込んでいるかもしれない』と疑いの眼差しを向けてしまい、いくら説明しても納得してもらえなくなるのです」

こうした「遺産の使い込み」トラブルに対する有効打は「証拠を残すこと」だと田阪代表。

「財産の使用用途、目的を第三者から見ても分かるようにしておくのです。もしもの時、領収書などの有無で解決に向けての見通しが変わります」

依頼者の意向に沿い、相続問題解決を目指す
依頼者が人生の次のステップへと歩を進めるきっかけを提供

遺言書や事業承継は次世代へ遺産を引き継いでいく一大イベントであるからこそ、トラブルも多くなる。こういった相談を積極的に引き受ける原動力は「特に相続分野に特化したい」という田阪代表の考えだ。

「親族間の不平不満というのは知らず知らずの内に蓄積していくものです。これが相続をきっかけとして噴出するわけですが、その背景があるからこそ、1件1件に真摯に向き合わなければなりません。『できることは全てやり尽くした』と言えるように心掛けています」

「人生の次のステップに進もうとする依頼者さんのお手伝いが出来るところに弁護士としてのやりがいを感じます」と語る田阪代表

こうして積極的に相談を受け続けた甲斐あってか、新規相談だけでなくセカンドオピニオンを求めて同事務所の戸を叩く依頼者も居るという。「相続問題に強い田阪裕章弁護士」が周囲に浸透しはじめている証拠と言えるだろう。

そんな田阪代表は「人生の次のステップに進もうとする依頼者さんのお手伝いが出来るところに弁護士としてのやりがいを感じます」と語る。

「来所される依頼者さんの数だけ悩みがあります。悩みを抱えている状態とは即ち、その悩みに人生を足止めされているようなものなのです。そこで私が法律を用いて問題に決着をつける、あるいは一区切りを付けることで、人生の次のステップを踏み出していただく。そのために、如何にベストを尽くせるかといったところが弁護士としての腕の見せ所だと考えています」

相続問題は依頼者の生活に密接に関わる問題でありながら複雑化しやすい。それでも尚この問題へと積極的に取り

各駅より徒歩数分の便利な立地に位置する田阪法律事務所

組み続ける姿勢には、依頼者が抱える悩みを「人生」というスケールで捉え、解決を目指していく田阪代表のやる気と意気込みが感じられる。

「いざ相続について考えようとしても、自分が居なくなった未来のイメージが湧きづらく、なかなか具体的に話を進めることが出来ない、といった方は多いと思います。また、自分だけで解決しようとした結果、ケースが長期化・複雑化してしまう場合もあります。当事務所では出来るだけ依頼者さんのご意向に沿った形での解決を心掛けていますから、まずはご相談いただきたい。そうして、解決の糸口を一緒に探って参りたいと考えております」

トラブルはいつも思わぬタイミングで表出する。だからこそ、田阪代表のような冷静かつ親身になってくれる心強い味方が求められるのだ。

PROFILE

田阪 裕章（たさか・ひろあき）

1974年生まれ、京都市出身。
1999年、京都大学法学部卒業。旧郵政省（現総務省）入省。
2003年、特定非営利活動法人日本サスティナブル・コミュニティ・センター入社。
2004年、京都産業大学大学院法務研究科（ロースクール）入学。
2007年、最高裁判所司法研修所（司法修習生）。
2008年、司法修習修了・弁護士登録（大阪弁護士会）。

【所属・活動】
大阪市消費者保護審議会委員（元）、大阪武道振興協会監事（現）、大阪弁護士会。

INFORMATION

田阪法律事務所

https://souzoku.t-bengo.com/

所在地
〒530-0003
大阪市北区堂島1-1-5
関電不動産梅田新道ビル4F
TEL　050-3628-2026（新規受付専用ダイヤル）
　　　06-6676-8322（依頼者専用ダイヤル）

アクセス
大阪メトロ御堂筋線・京阪本線「淀屋橋」駅より徒歩4分、
京阪中之島線「大江橋」駅より徒歩3分、
JR東西線「北新地」駅より徒歩7分、
JR「大阪」駅より徒歩9分

電話受付時間
〈月～日・祝〉9：00～20：00

業務内容
遺産調査、遺産分割、使途不明金、
遺言無効、遺留分、共有物分割

設立2024年

理念
「徹底的な調査と検討で、あなたにとってベストな決断を実現します」

ステラ綜合法律事務所

代表弁護士　佐藤 光太

目の前の依頼者さんにとって、
日本一の弁護士でありたいです

一等星の輝きで依頼者の道行きを照らす親しみやすい弁護士

依頼者の幸福を追求するため自信と覚悟を持って徹底的に闘う

〝星〟という1文字に希望的な解釈を持つ者は多い。それは、北極星が夜空に煌々と光り輝き人を正しい方向へ導く存在であることや、その美しさからしても納得できるところである。

そんな星を意味する単語は様々あるが、ラテン語では〝Ｓｔｅｌｌａ（ステラ）〟と綴る。その名を冠するのが、ステラ綜合法律事務所。代表を務めるのは、夜空の星を眺めることを趣味とする佐藤光太弁護士だ。

「何か問題があり暗い気持ちになった時、暗闇の中で輝く星のように当事務所を思い出して欲しい。そう考えこの名前を付けました」

人生が暗闇に覆われそうになった時にまず相談しようと思える、手が届く一番星。そんな存在であるステラ綜合法律事務所の佐藤代表に、様々なお話を伺った。

企業から個人まで多種多様な問題に対処した勤務弁護士時代
東京ならではの依頼〝インターネット問題〟

札幌で生まれた佐藤少年は、父が企業の法務部に所属していたことから漠然と法律に興味を持っていた。弁護士を志した理由としては、『『日本一難しい試験』と呼ばれる司法試験に挑戦したい」という挑戦的な気持ちがあったこと。そして、「弁護士に対して『偉そうだ』というマイナスイメージがありました。しかし、『弁護士という職業は、そんなに偉いのですか』と問うことは、彼らと同じ立場になっていないとできないと考えたからです」と語る。

名古屋の南山大学法学部を卒業後、地元札幌に戻り北海道大学法科大学院を卒業。再び名古屋で司法修習を行い、弁護士となった。

所属したのは、紹介案件のみで運営する法律事務所。東京に拠点を置くその事務所は安定した基盤を持っ

相続人調査や関係図の作成も行い、争いの有無に関わらず依頼を請け負っている

ており、企業の顧問業務や請負代金請求、契約のトラブル、労働問題、従業員個人の相続や離婚、交通事故など、企業から個人まで多種多様な問題に対処していた。中でも特徴的なのは、昨今しばしば話題になる、インターネット上の誹謗中傷に関する案件、インターネット問題だ。インターネットが普及したことで、匿名での誹謗中傷やリベンジポルノなどの問題が社会問題化している。佐藤代表は東京での弁護士活動において、インターネット問題に数多く対処してきた。

主なネットワークのプロバイダは東京にあり、従って管轄は東京地裁となる。被告と成りえる人物・企業は、東京に集中しているのだ。そのため、インターネット問題に関する依頼の多さは、東京ならではといえるだろう。

東京で得た経験により札幌で唯一無二の立場を築く
気軽に相談できる弁護士を目指して

2022年には故郷の札幌でステラ綜合法律事務所を開業する。これまで東京で弁護士業務を行っていた佐藤代表。故郷は札幌だが、仕事の伝手がない状態での開業となり、初めは人脈作りにも力を入れなければいけなかったという。

しかし佐藤代表は、それを鑑みても札幌で開業するメリットがあると思惟した。「前に所属していた事務所とも競合しませんし、東京での経験を活かし、札幌の弁護士が出来ない分野の仕事ができるのではないかと考えたのです」

事実、札幌においてインターネット問題に取り組んでいる弁護士は少なかった。佐藤代表は豊富な経験を活かし、原告側、被告側を問わず対応し活躍する。

この分野での案件としては、主に名誉棄損や肖像権侵害。企業であれば、会社の口コミサイトに投稿された誹謗中傷など。個人であればX（旧Ｔｗｉｔｔｅｒ）などのＳＮＳや、5ちゃんねるといった掲示板に投稿されたリベンジポルノ、ホスラブなどの水商売の口コミサイトに載せられた書き込みの削除といったものまで、持ち込まれる案件は枚挙に暇がない。開業に際する読みは当たり、ステラ綜合法律事務所は札幌で唯一無二の立ち位置を築くことに成功した。

以前、『偉そうだ』と感じた弁護士と同じ立場に、今、佐藤代表は立っている。もう抱いていた思いを口にすることに、遠慮はいらない。

「偉そう、話にくいといった弁護士像を打ち破り、敷居が低い存在として認識してもらいたい。現在はウェブのツールも充実しているため、札幌から東京地裁の案件に対応することもできます。インターネット問題だけでなく、困ったことは何でも気軽に相談してください」

問題が複雑になり選択肢が狭まる前に、早期相談をトラブルを未然に防ぐ予防法務の観点

そんなインターネット問題は扱う業務の一分野であり、契約書チェック、経営相談、代金回収といった企業の顧問業務を中心に据えている。また、不貞や離婚といった男女の問題、交通事故、相続問題など様々な

ウェブのツールも充実しているため、札幌から東京地裁の案件に対応することも可能

分野に対応。その中でも、高齢化社会の影響もあって相続問題の相談は多い。

　相続問題において、法的な争いにならなければ司法書士へ相談する依頼者は多い。「しかし、弁護士も当然、円満な遺産承継業務は扱っています。揉めてから弁護士という考えは捨てていただきたい」と佐藤代表。「相続問題に限らず、法的な問題かどうかを判断する前に、弁護士へ相談して欲しいのです」

　依頼者が「問題ではない」と判断し、弁護士へ相談しなかった部分が、後に法律問題だと発覚することもある。素人判断によって、問題が難しくなってしまった例だ。係争になっておらず司法書士に依頼した相続問題が、後に争いへ発展し弁護士が必要になる場合もあった。この場合は2度の依頼が必要になり、司法書士の着手金も無駄になる。

　また争いに発展せずとも、協議を行うことが難しく遺産分割調停が必要な場合は、調停の代理人になることができる弁護士の手が必要になる。

　ステラ綜合法律事務所では、相続人調査や関係図の作成も行い、争いの有無に関わらず依頼を請け負っている。マルチに対応でき予防法務に力を入れている同事務所へ、初めから相談するのが得策だろう。

　また、佐藤代表は「早期相談が大切です。たとえば、遺産分割協議書に実名で署名押印した後に、『騙された』と相談に来られても状況は厳しいのです」と述べる。

「相談前に当事者同士でやり取りされていた場合、依頼者さんが不利になるメールなどが文章として残っていることもあります。言ってはいけないことについてアドバイスもできますので、契約や当事者同士でのやり取りをする前に、まず相談してもらえたら」

面倒に思い相談を先に延ばしてしまう依頼者も多いだろう。しかし、走り出さなければゴールにたどり着くこともない。それどころか、先延ばしにすることで障害が増える場合すらある。

「相談を受けた時点で問題が複雑になっていると、選択肢も狭まってしまいます。『こんなことを聞いても良いのかな』と思うことでも、気軽に相談して欲しいのです。問題がないことを確認し安心するために、私を使っていただけたら良いと思います」

依頼者のために妥協せず闘う事務所「大胆に立ち向かった時、困難は消え去る」

ステラ綜合法律事務所は「依頼者の利益のために徹底的に闘う」事務所を謳い、信条として「妥協しない・徹底的に調査する」を掲げている。

たとえば、依頼者が金銭を請求する場合。係争相手が提示した金額に依頼者が頷けば、基本的には和解となる。しかし、佐藤代表はそれに否を唱える場合もあるという。

『この金額で納得してはいけない』という場合は、『まだ示談に応じず、もう少し闘わせて欲しい、もっとお金をもらうべき事案です』と依頼者に交渉します。上乗せ交渉は破談になるリスクも含みますが、私には弁護士としての自信と責任、そしてリスクを受け入れる覚悟がある。依頼者さんのために徹底的に闘います」

最も感謝されたという、印象深いエピソードを伺った。

「全く証拠がない、駐車場で起こった交通事故の案件です。どちらが当てたかもわからないものでした」

証拠がないことで依頼を断る弁護士もいるというが、佐藤代表はその依頼を受け懸命に闘った。そして、なんとか納得できる結果に収めることができ「依頼者さんから直筆で書かれた感謝の手紙などもいただき、嬉しく思いました」という。

他に、既婚者と不貞をしていた独身女性が依頼者となった案件では、不倫相手は離婚することとなり、依頼者は200万円を請求された。訴訟を起こされることになったが、結果的には10万円程で和解が成立したという。佐藤代表が如何に優れた手腕を持っているかが伺えるエピソードだ。

難題を乗り越えてきた結果、佐藤代表ならば、と難しい案件が持ち込まれるようにもなった。これは、「大胆に立ち向かった時、困難は消え去る」を好きな言葉に挙げるように、闘う姿勢を貫いて困難へ立ち向かい、依頼者が満足いく結果を出し続けていることの証左だろう。

人生を明るく幸せにするための係争法のプロとして責任と覚悟を示し、日本一の弁護士へ

佐藤代表には良くない弁護士像があるという。

「解決方法を箇条書きにして提示し、そのメリット・デメリットを説明。依頼者に選択肢を選ばせる弁護士です」

一見理にかなっているようにも思えるが、「依頼者さんに選ばせるのは、リスクを負いたくない弁護士が、自身の逃げ道を残しているだけ」だと佐藤代表。「依頼者さんは、どうしたら良いかを聞きたくて弁護士に相談するのです。私は法のプロとして、必ず『この方法で行きましょう』と依頼者に示します。それに頷い

ていただけたら、依頼者さんの決断にもなる。これが、法のプロとして責任と覚悟を示すことだと、私は思います」

そんな佐藤代表は、依頼者へ対応する際に笑顔で話しやすい雰囲気でいること、そして、話をしっかり聞くことを大切にしている。

「親身になり否定しないでお話を聞き、法的に整理する。お話を聞く中で大事にしていることは、争う相手の要求ではなく、依頼者さんの望みをしっかりと聞くことです。相手の反応は関係ありません。こちらがどうしたいかを決めて、それに向かい突き進むことを大切にしています」

笑顔で話しやすい雰囲気を作り、依頼者の話をしっかり聞くことを大切にしている

事件が終わる時には、依頼者から「打ち合わせが出来なくなるのが寂しい。ありがとうございました」と感謝の言葉をもらうこともあった。

また、Ｇｏｏｇｌｅへも、同事務所について5つ星の評価と口コミが寄せられている。内容を要約すると、『休日であるのに対応していただき、話を聞いてもらえて安心しました。非常に話しやすい方なので、何かお困りの方は、まず話を聞いてもらうことをお勧めします』という、正に佐藤代表が理想とする弁護士像。気さくで親身になって依頼者と接してきた成果だろう。

このように、親しみやすく〝弁護士らしくない弁護士〟とも称される秘訣は、「自分自身が幸せでいること」だという。「暗い顔をしている人が、人を幸せにできるとは思えません。弁護士という仕事は忙しく、睡眠時間を確保できない日も多いです。しかし、自分が笑顔でいないと人を幸せにできない。自分自身が幸せでいることも大切にしたいと思います」

また、心理学者アドラーの言葉に、「今この瞬間から幸せに向かおう」というものがある。「これは、法的な係争をどう見るかにも通じます。マイナスなイメージではなく、これからの人生を幸せにするための作業なのだと考えて欲しい。何か悩みがある人は、幸せになるために一歩踏み出すことを大切にして欲しいと思います」

目標は「日本一の弁護士になること」だと佐藤代表はいう。

「日本一と言っても、稼いだ金額や依頼者さんの数といった、大それたことではありません。目の前の依頼者さんにとって、日本一の弁護士でありたいのです。困っていることを的確に解決し、『この弁護士に頼んで良かった』と思ってもらえるよう努めたいと思います」

問題を抱え暗くなってしまった心を、星のように照らす佐藤代表。その光が依頼者に寄り添い、一番明るい道へと導いている。

PROFILE

佐藤 光太（さとう・こうた）

1987 年生まれ、北海道札幌市出身。
2009 年、南山大学法学部を卒業。
2012 年、北海道大学法科大学院を卒業後、司法試験に合格。
名古屋にて司法修習修了後、弁護士となる。東京都内の法律事務所に勤務。
2022 年、生まれ育った札幌市にてステラ綜合法律事務所を開設。

INFORMATION

ステラ綜合法律事務所

https://ks-stella.com/

所在地

〒 060-0061
北海道札幌市中央区南 1 条西 13 - 317 - 3
フナコシヤ南 1 条ビル 6F
TEL　011-211-0395

アクセス

札幌市営地下鉄東西線「西 11 丁目」駅より徒歩 5 分
札幌市電「中央区役所前」駅より徒歩 3 分

営業時間

〈月～金〉 10：00～18：00
〈定休日〉 土・日・祝
※時間外については，事前相談で対応可能

業務内容

契約書作成、リーガルチェック、顧問契約、債権回収、マンション管理業務、不動産関連業務、男女問題、相続問題、労働問題（使用者側・労働者側）、インターネット問題、交通事故、債務整理、刑事被害者による損害賠償請求、刑事事件（加害者）

設立 2022 年

特徴

・東京で経験を積んだ代表弁護士が豊富な経験に基づいてアドバイス
・親しみやすい弁護士による事件処理
・幅広い業務に対応
・他士業との連携によるワンストップサービス

横浜弁天通法律事務所

弁護士　高井 英城

依頼者様と本音で話し合うことで
解決のための方針を固めていきます

顧客が抱える問題解決から子どもたちの「議論をする力」育成まで幅広く活躍

依頼者の本音を引き出し、ケースの最適解を探る

横浜市のランドマークとも言うべき赤レンガ倉庫や大観覧車・コスモクロック21。そこから程近い位置には官庁街があり、多くの士業事務所が集まっている。数ある事務所の中でも特に依頼者から高い評価を受けているのが、横浜弁天通法律事務所だ。

代表の髙井英城弁護士は、自らの利益追求よりも依頼者のために全力を尽くすことを優先し、納得のいく答えを依頼者と共に探っていく。様々なケースに対応することで得た経験を活かす前向きな姿勢は、座右の銘でもある「情けは人の為ならず」を彷彿とさせる。

次世代を担う子ども達のより良い将来の為に、模擬裁判の体験を通じた「正しく議論するための力」の啓蒙にも注力。現代の法曹界を担う法律家として多方面で活躍する髙井弁護士の活躍ぶりに迫った。

「人の役に立ちたい」想いを実現させるために独立
交通事故や離婚、相続トラブルといった身近な相談を全力でサポート

現在は様々な依頼者にとって頼れる存在となっている髙井弁護士。しかし自らの少年時代を「できないことがたくさんあった」と振り返る。

「そんな時にはいつも友人に助けてもらい、感謝の気持ちでいっぱいでした」

自身も自分の為よりも人の為になる行動の方が一生懸命に取り組むことができるタイプ。将来の夢を「困っている人を助け、人の為になる弁護士」とするのも自然なことだった。

進路について思い悩むこともあったが、努力の末に旧司法試験に合格。司法研修所を退所後、医療事件などを扱う事務所に入所した。初めて取り組む弁護士業務の数々に追われ多忙な日々を送るうちに、髙井弁護士の中である想いが芽生え始める。

交通事故や離婚など様々な悩みを依頼者から引き出し解決へ導く相談の場

「自分が弁護士になった理由を改めて振り返った時、『より個人にとって身近な問題に取り組みたい』と思うようになりました」

医療事件の病院側や債権回収会社側の弁護を担当するなど、弁護士として経験を10年間積んだ後、事務所を退所。「人の役に立ちたい」という初志を貫徹するため、2019年に横浜弁天通法律事務所を開設した。今では企業法務関連の相談と併せて、交通事故や離婚に関する悩みや相続トラブルといった、人々の生活に密接に関わる問題に積極的に取り組んでいる。

「数ある弁護士事務所の中から当事務所を選んでいただけたということは、つまりご縁があったということ。そんな依頼者の方々が抱えるお悩みの解決に協力できる、まさに理想として思い描いていたような日々を送ることができています」と、満ち足りた笑顔を浮かべる。

複数の弁護士が連携することで隙のない柔軟な対応が可能に 近年増加傾向にある「コロナ離婚」にも精通

同事務所が初回来所者に対して第一に大切にしているのは「話しやすい雰囲気作り」。

「どのようなご相談であっても、まずは依頼者様の本心を聞き出すことが重要です。勿論、こちらが疑問に思ったことも正直にお尋ねします。本音で話し合うことで解決のための方針を固めていきます」

高井代表が同事務所所属弁護士とタッグを組み、ケースに取り組むのも特徴だ。

「1人でケースを抱えていると肝心なところで視野が狭くなっていても気付くことができません。タッグを組むことで幅広い視点で解決策を検討でき、2人で取り組んでいるからこその発見を得ることができます。『女性の弁護士に相談を聞いてほしい』といった依頼者様の要望にも柔軟にお応えできるのです」と、依頼者本位で相談を進めることを大切にしている。依頼者の中には、男性に相談するのが恥ずかしいと感じる者も居る。そんな依頼者の心情に寄り添ってくれるのは、同事務所ならではの強みだろう。

そんな同事務所に舞い込む相談の中でも、近年はコロナウイルスの影響による離婚トラブルが増加中だという。

「在宅勤務の増加により夫婦が長時間2人きりで過ごす中で、互いの欠点ばかりが目についてしまい、そのまま離婚というケースが最近増えています」

普通の法律事務所であれば、相談内容通りに離婚の手続きを進めていくだろう。しかし同事務所では、選択肢の1つとして関係の修復を提案することがある。

「最近の離婚理由が、不貞であったり、DVといった関係修復が困難な理由ではなく、コロナでの窮屈さから生じるストレスによるコミュニケーション不足と感じるケースがあります。この様な場合、双方の気づきや態度の改善により、関係が修復できる可能性がありますし、調停裁判をしても離婚が出来ないことも考えられます。そこで、弁護士が一方の代理人として、客観的な視点で双方の関係を調整することで、関係修復を図ります。また、カウンセラーとは異なり、養育費や生活費、モラハラの有無等法律の知識が求められる問題が背景にあった場合には、それらに対するアドバイスも可能です」

夫婦関係の修復も選択肢に入れる理由は、髙井弁護士がこれまでに担当した少年事件のケースや、離婚事件、少子化問題が大きく関わっている。

「私が初めて担当した少年事件の加害者の少年は、両親の離婚がトラウマになり非行に走ってしまったのです。子どもたちが幸せな家庭を知らずに成長した結果、『結婚したい』という気持ちを持つことが出来ず、少子化問題の一因になっているのではないかと感じることがあります。また、離婚事件で、長年かけて全ての手続きが終わり、かなり大きな財産分与額や養育費を取れた後に、依頼者から離婚という選択を後悔しているＩと告白されたことがあります。離婚した後に後悔しないために、関係修復も選択肢に入れて相談に乗るようにしています」

依頼者の一時の感情ではなく、依頼者の真意や子どもとの将来の関係等も考慮した依頼者の利益を常に追求する姿勢は、まさしく「個人型顧問弁護士」とも言うべきスタンスだ。

「模擬裁判」を通じて子どもたちに正しい議論とは何かを説く公共科目用の教材を作成し法教育の発展に寄与

教育現場における法教育の推進を目的として、日本弁護士連合会に設置された「市民のための法教育委員会」。同委員会では教育現場において、本物の事件さながらに裁判の流れを体験する「模擬裁判」を啓蒙することで、子どもたちに多角的多面的な視点で物事を考えることの重要さや、事実や論拠に基づいた議論の大切さを指導している。髙井弁護士もその活動に共感し、同委員会に所属している。

「日本の政治体制である民主主義の大前提は『如何にして正しい議論を行うか』というところにあります。正しい資料に基づいた議論を行った上で実施する多数決だからこそ、選ばれた結論は正しいとされるのです」

髙井弁護士が出前授業で教える模擬裁判では「トゥールミンモデル」（経験則や事実等の根拠を元に議論を組み立てていく手法）を用いて議論を展開させる。模擬裁判の流れの中で相手や自分の意見、考えの的確さを検討することで、多角的多面的な視点で物事を考える力や論理的思考を育んでいく。

「正しい結論を導くために議論する力は、弁護士だけでなく様々な分野において必須です。たとえば学校におけるいじめ問題。これは多数派の生徒が少数派の生徒を排斥しようとするために生じます。しかし模擬裁判では、意見の正しさに多数・少数は関係ないということを学ぶことができます。互いの意見に耳を傾け合いながら話し合うことで、必ずしも多数だから正しいというものでは無いことを理解でき、いじめ問題をも解決に導くことができるのです」

日本弁護士連合会では、毎年夏に「高校生模擬裁判選手権」を開催。全国各地の裁判所にて、高校生たちが論戦を展開させている。髙井弁護士も運営に携わっており、全国大会に出場できなかった神奈川県下の高校生にも大会を経験してもらうため、神奈川県大会を開催することに尽力した。

「意外なことに、ドラマなどの影響で模擬裁判に興味を持ってくれる生徒が多いです。実際に『学生時代に経験した模擬裁判がきっかけで弁護士を志しました』という方もいらっしゃいます。ですが、模擬裁判を啓蒙する余地はまだあります。如何にして発信していくのかが今後の課題です」

２０１９年に開催された神奈川県弁護士会と学校教員の共同シンポジウムでは、高校の公共科目用に模擬裁判の教材を作成。自ら率先して模擬裁判を広めるためのアクションを起こしているところからも、髙井弁護士が未来を担う人材教育に力を入れていることが伺える。

ケースを通じて得た「人は如何にして許されるのか」という気付き
法律の介入が難しい部分も決して手を抜かずに取り組む

これまで様々なケースに対応してきた髙井弁護士が特に印象深いと感じるケースを伺うと、ある交通事故事件を挙げた。

この交通事故事件は、加害者である少年が窃盗した自動車で衝突事故を起こしてしまい、被害者に重度の後遺症が残ってしまったというケース。裁判が長期化する中、被害者は加害者の少年を恨めしく思っている

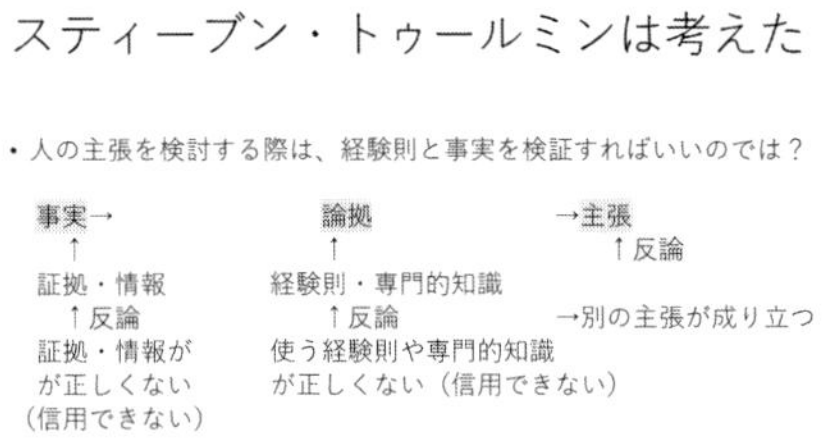

スティーブン・トゥールミンは考えた

・人の主張を検討する際は、経験則と事実を検証すればいいのでは？

事実→ 論拠 →主張
↑ ↑ ↑反論
証拠・情報 経験則・専門的知識
↑反論 ↑反論 →別の主張が成り立つ
証拠・情報が 使う経験則や専門的知識
が正しくない が正しくない（信用できない）
（信用できない）

議論の技術「トゥールミンモデル」を学生にも分かりやすく解説

ような言動があったものの、気に掛ける素振りも見せていた。

「ようやく和解が成立しそうになった時、私から被害者に『加害者と会う機会はこの和解のタイミングしかありませんが、会ってみたいのではないですか』と尋ねたところ、被害者は『会ってみたい気持ちもあるが、会わない方が良いという気持ちもある』とのことでした。そこで、私が加害者側代理人を通じて加害者に謝罪の意思があることを確認してから、面会に臨みました」

面会の場に姿を現した少年は更生しており、被害者に対して謝罪。対する被害者は、最後に少年に「頑張ってね」と声を掛けた。

「その後の被害者の晴れやかな顔を見て、この面会で、被害者はようやく少年を許すことが出来たのだと感じました。それによって恨みの感情に囚われていた被害者自身も救われたのだとも感じました。人が許しを得られるのは刑罰からではなく、人からなのだということに改めて気付かされました。このような場に立ち会うことが出来、『弁護士になって良かった』と思えたケースでした」

この交通事故事件で面会を提案したことについては、病院の代理人として医療事件に携わったケースが経験として生きたという。この医療事件では、当初から、過失を認めていなかった病院側に対し、患者側から「院長と直接話したい」という強い希望があった。

「面談の機会を設けると、院長がしっかりと患者側の訴えに向き合ってくれたこともあり、ご納得いただけたようです。当初、患者側は難しい状況にある方だと伺っておりましたが、とても穏やかになりました。後日、私にもお礼のお言葉をいただいた程です」

このような医療事件の本質にあるのは、コミュニケーション不足から来る医師への不信感だという。法律の介入が難しい部分だが、それでも依頼者のために全力を尽くすのが髙井弁護士の流儀だ。

「見返りを求めず、一生懸命に事件の解決のために取り組んだという経験は、後になって自分の役にも立つのです」と語る髙井弁護士の姿勢は、座右の銘である「情けは人の為ならず」をまさしく体現している。

高難易度のケースへの着手こそ自己成長に繋がる より多くの悩みに対応すべくスタッフ増員も視野に入れる

日々寄せられる様々な相談に対し、決して利益追求に走ることなく、難易度が高いケースであっても苦労を厭わずに考え抜く。このスタンスを貫いている理由を、「私にとっての幸せとは利益や名誉を得ることではなく、日々の中で依頼者のお悩みを良い方向で解決しているという実感を得ることです。だからこそ難しいケースであっても挑戦したい」と、意気込み十分に語った。

では、依頼者はどのようなタイミングで悩みを相談すべきなのか。この疑問に対し、髙井弁護士は「悩んだ瞬間に来てほしい」と話す。

「悩んでいても時間は過ぎていく一方です。弁護士としても、早めに相談に来ていただければより多くの選択肢を提示できます」

しかし、いざ相談しようと決心しても「自分の考えがまとまっていない状態で相談してもいいのか」と戸惑う依頼者は多い。同事務所ではそんな不安を解消すべく、初回相談料金を5,500円で固定している。

「時間や料金を気にせずご相談いただくためにこのような対応をさせていただいております。ですからまずはお気軽にご相談くだされればと思います。相談するだけで考えが整理されていくこともありますし、私も一緒にご相談の要点を整理させていただきます」

同事務所で掲げる理念は「1人1人に寄り添う最適な法サービスを提案する」。だからこそ髙井弁護士を

スタッフ間の連携を大切にしながら依頼者に寄り添う法サービスを提案

始めとするスタッフたちは、依頼者が置かれた状況に寄り添いながら、真摯な態度でケースに向き合うことを重要視している。

「たとえば交通事故と一口に言っても、実際の状況は事故によって異なります。だからこそ当事務所では、『1件たりとも同じ事件はない』という意識で取り組んでいます。必要があれば、新しい判例を作るくらいの気概で取り組むことも厭いません」

また、個人からの相談とは性質が異なる企業法務においても心掛けていることがある。

「企業法務の意義とは企業価値を守るところにあると考えています。そのためには透明性が保たれた経営を持続させ、従業員の士気を高めていくことが必要です。当事務所では、従業員の労務管理や契約書のリーガルチェックを行い、紛争が生じそうなリスクがあれば事前に摘み取るよう心掛けています。さらに、快適な労働環境維持のためのアドバイスも行うことで、従業員の悩み解消や士気向上、企業価値の保護、強化に繋げます」

個人、そして企業と両方の依頼者にとって心強い味方であり続ける同事務所では「より多くの弁護士と協働し、より多くの問題を解決する」ことを将来のビジョンの1つとして見据えている。

「当事務所のスタンスとして、利益追求を第一としておらず、どのような問題であってもスタッフ間で連携・協力しながら解決を目指しています。こうした考え方に共感できる方や同じビジョンを持っている方と一緒に働きたいです。スタッフが増えれば活動範囲が広がり、対応できる事件やケースの幅も広がります」

「人の役に立ちたい」という想いを実現させるために弁護士を志した髙井弁護士。どのような相談であっても真摯に向き合う姿勢が高い評価を得、今ではリピーターを獲得するほど相談者にとって無くてはならない存在となった。日々同事務所に訪れる依頼者のため、今日もケース解決に奮闘する。

PROFILE

高井 英城（たかい・ひでしろ）

2000 年 3 月、明治大学法学部　卒業。
2006 年 11 月、旧司法試験合格。
2007 年 4 月、司法研修所　入所（修習期：旧 61 期）。
2008 年 8 月、司法研修所　退所。
2008 年 9 月、弁護士登録し髙井佳江子法律事務所　入所。主に、債権回収、交通事故（被害者側）、医療事件（医療機関側）、企業法務、離婚・相続、刑事・少年事件を担当。
2018 年 12 月、同事務所　退所。
2019 年 1 月、横浜弁天通法律事務所　開設。

【所属・活動】
法教育委員会

INFORMATION

横浜弁天通法律事務所

https://yokohama-bentendori.com/
https://yokohama-bentendori.jp

【公式ホームページ】

【業務紹介サイト】

所在地
〒 231-0007
横浜市中区弁天通 2-25　関内キャピタルビル 504
TEL　045-681-3837

アクセス
京浜東北線・根岸線「関内」駅より徒歩８分
市営地下鉄ブルーライン「関内」駅より徒歩８分
みなとみらい線「日本大通り」駅より徒歩５分

業務内容
交通事故、離婚・異性トラブル、遺産相続、不動産建築、債務整理、任意後見、刑事事件、少年事件、企業法務、医療法務

電話受付時間
〈月～木〉10：00～20：00
〈金〉10：00～17：30
〈定休日〉土・日・祝

設立 2019 年

特徴
大変な時こそ上を見ましょう
ひとりひとりに寄りそう
最適な法的サービスを心がけています

SAKURA法律事務所

代表弁護士　道下 剣志郎

企業が新しい道を歩むための道標を作り、安全なルートを提示し、背中を押してあげられる存在でありたいです

日本法曹界を牽引し
未来を切り開く若武者

依頼者に寄り添い、伝統ある企業法務から新しい法の創造まで

日本の国花、桜。古い和歌にも新しい歌曲にも歌われる、日本人の精神を表すような花である。そんな美しい花の名を掲げるのが、SAKURA法律事務所だ。洗練されたロゴにも桜があしらわれている。

「満開の桜ではなく、新しいムーブメントの象徴としてふわりと風に舞う花弁。堂々とした文字には、王道で歩む覚悟とオープンスタンスへの強い意志を込めました。これらを併せることで、繊細さを持ってお客様と法律に向き合うジェントルな弁護士でありたい、という考えを表現しています。また根底には、困難な立場にいてもその状況を打破するという閃き、希望を守る光であるという哲学を込めました」

そう語るのは、代表弁護士の道下剣志郎氏。その言葉からは、桜舞う中、弁を剣とし依頼者を護る侍といった情景が、思わず浮かんで来る。

最大手の法律事務所から強い志を持ち独立開業
飲水思源を胸に優秀な弁護士を輩出するプラットフォームを目指す

医師の家系に生まれた道下剣志郎代表。その中にあっても、士業家になりたいという漠然とした気持ちがあった。弁護士を選んだのは「物事を上手くこなすにはルールを理解していないといけない」と考えたからだ。たとえばスポーツでは、細かなルールを理解していない場合は相手へ得点を与えてしまうことや、失格になってしまう場合がある。逆に、ルールや状況を熟知していれば、野球の守備ならば浅い外野フライをわざと落としてダブルプレーを取るような芸当も可能になる。

「社会にとって良いプレイヤーになり、また、良いプレイヤーを育成するためには、ルールを理解する必要がある。それを生きていく上で学び、弁護士を志しました」

SAKURA法律事務所では企業法務、一般民事、資産家向けの法務を3つの柱に業務を行っている

２０１３年に一橋大学法学部法律学科を卒業、慶應義塾大学法科大学院法務研究科へ進む。そして、２０１７年には目標としていた日本最大手の法律事務所、西村あさひ法律事務所へ入職する。

昨今、多くの注目を集める企業不祥事。その何たるかについて学んだのも西村あさひ法律事務所だ。「原因解明、調査、再発防止策を作るまでが企業法務。企業の体制を立て直すことに、世に知られるよりも幅広く弁護士が関与していることは学びでした」

西村あさひ法律事務所は環境も非常に良く、独立する者は少ないと言えるだろう。道下剣志郎代表も「大手法律事務所でキャリアを積むことに魅力はありました。勤務弁護士のままでも多くの経験を積むことができて幸せな人生だったでしょう」という。しかし、「きめ細やかなサービスを自身の責任で行い、もっとお客様との距離を近く持ちたかった。また、大変僭越ながら、当職が勤務していた事務所同様に、『ＳＡＫＵＲＡ法律事務所に勤務すれば良い弁護士になれる』というプラットフォームを自身で作りたかったのです」という強い想いがあった。その想いを基に、２０２０年に独立、ＳＡＫＵＲＡ

法律事務所を開業する。

中国の故事に〝飲水思源〟というものがある。水を飲むときにその水源を忘れるな、物事の基本や他人から受けた恩を忘れてはならない、という意味を持つ言葉だ。

「西村あさひ法律事務所での経験は、私の弁護士人生にとってかけがえのないもの。今、事務所を構えられているのは誰のおかげか、〝飲水思源〟を忘れません」と道下剣志郎代表は語る。

伝統も大切にしながら新しい法の創造を体現
新しい道を切り開き背中を押す存在でありたい

SAKURA法律事務所では企業法務、一般民事、資産家向けの法務を3つの柱として業務を行う。中でも大黒柱は企業法務だ。上場企業のM&A案件、上場企業のコンプライアンス案件、相場操縦事案、独占禁止法事件、インサイダー事案、企業秘密の漏洩事案、サイバー攻撃対応事案、など多種多様な問題に対応し、解決してきた。

3つの柱に加え「弁護士には新しいプラクティスを開拓していく気概が必要だ」と、法整備が不十分な最先端の分野、メタバース法務やeスポーツ法務、NFT、ブロックチェーン、仮想通貨、DAOなどについても取り扱う。これらの先端分野の存在や市場シェアは日々大きくなっており、道下剣志郎代表が時流を捉えていることが良くわかる。

現在は、各企業がモニターで画像を見るだけでなく、アバターを使って商品を手に取り眺めることができるメタバース空間へ出店する時代。「企業の先端分野への認識が進んでいるとはいえないため、啓蒙活動も

最先端の分野、メタバース法務やｅスポーツ法務、NFT、ブロックチェーン、仮想通貨、DAOなども取り扱う

含めて、ＳＡＫＵＲＡ法律事務所は、ＨＰにメタバースを体験できるページを用意しました。今メタバース事業を始めなければ、日本が世界から何年遅れるのかという気持ちがあったので、先んじて始めたのです」

道下剣志郎代表は、当時ＫＤＤＩ株式会社から、『バーチャル渋谷』に纏わる法解釈が難解で、「是非とも道下先生の意見が欲しい」と相談を持ち掛けられる。結果として、道下剣志郎代表はＫＤＤＩ株式会社が主導するバーチャルシティコンソーシアムにアドバイザーとして招かれることとなった。

この実績が評価されたこともあり、一般社団法人メタバースジャパン（ＭＶＪ）の立ち上げに招聘され、アドバイザーとして参画。内閣府知的財産戦略推進事務局にも有識者として選ばれた。「メタバース法務についてはＫＤＤＩさんとの活動が根底にあり、恩義を感じています」とここでも飲水思源を忘れず、取り組みを続けている。

依頼者から「新しいことをやりたい」と相談された際、「まだ法律がないからやめておきなさい」とだけアドバイスをし、相談料だけをもらうのは簡単だ。しかし、それでは、どの企業も新しいビジネスを始められず、ビジネスが始まらないことで法整備は更に遅れていく。これは、日本全体の発展が遅れることにも繋がるだろう。

「弁護士は法律のプロ。海外の法律を見ることや行政が取り組んでいるものを参照し、たとえば、民間企業等が作成するガイドラインに落とし込むことができる。私たち弁護士は、企業が新しい道を歩むための道標を作り、安全なルートを提示し、背中を押してあげられる存在でありたいと思っています」

弁護士という職業は「旧態依然としている」と評されることがままある。しかし、「私たちは古い伝統を重んじつつ創造を重視しています。伝統と創造のバランスが大切です」と道下剣志郎代表は述べる。「弁護士会の伝統を重んじ従来の企業法務や一般民事などを提供しつつ、創造的に新しい分野を開拓する。新しい法の創造を体現する姿勢を重視して参ります」と言う。

依頼者に寄り添い親身になって困難に立ち向かう 頭は常に冷静に、されど心は温かく

行政書士や弁理士も在籍し、資産家の資産管理、知的財産関連もワンストップの対応が可能な、手厚いリーガルサービスを提供するＳＡＫＵＲＡ法律事務所。依頼者に接する際は、当事者意識を持ち親身に接することを徹底している。レスポンスの迅速さ1つからもその姿勢は読み取れるだろう。

依頼者に親身になることは、一見当たり前のように思えるが、依頼者に対して簡単なアドバイスをするだけで、問題を解決しない弁護士もゼロではないだろう。しかし、道下剣志郎代表は依頼者の利益を追求し続け、常にアグレッシブに活動することを止めない。問題が解決するまで尽力し、依頼者の心に寄り添い続けている。

その行動力、優秀さ、また案件の大きさもあってだろうか、争う相手からは強く恨まれることもある。し

かし、道下剣志郎代表は、そのような相手と戦うことを恐れない。
「重要なのは"Cool Head, but Warm Heart"。頭は常に冷静だけれど温かい気持ちでいることとです」と熱い想いで依頼者に寄り添い、司法を剣として闘い続けている。

日本のために海外へ乗り出す
ベトナム・ホーチミンに進出　更なる海外展開へ向けて

2023年末、SAKURA法律事務所は初の海外進出を果たし、ベトナムの商業都市ホーチミンのPANTHEON LAW法律事務所と弁護士・法律業務の提携を行った。上記提携に当たっては、道下剣志郎代表が単身でベトナム人弁護士と英語で交渉した末に、地元のPANTHEON LAW法律事務所との提携に成功した。

ベトナムは経済成長が著しい国。人口も1億人を超え、日本を追い越さんという勢いがあり平均年齢も若い。国民性も真面目で親日傾向。東南アジア進出への良い拠点を確保できた形だ。日本へ進出したベトナム企業、反対にベトナムへ進出した日本企業にもそれぞれ上手く対応できており、海外進出は順風満帆である。

アメリカや東南アジア、中東地域での開業も考えているという道下剣志郎代表。桜の花弁は時流に乗って海の向こうへ。日本のSAKURAが世界中から注目を集める日はそう遠くない。

〃法曹インフラ〃を発展させるため優秀な人材を育成
日本と法曹界のため、社会に切り込み未来を切り開く

司法試験は日本最難関と言われていることもあり、弁護士の数は少ない。

「相応しくない人物が弁護士になれば、国民が司法に携わる権利が侵害される。法曹界のクオリティを担保するために、難しい司法試験があるのです。私は弁護士という職業を、国民が司法に携わるための基盤、〃法曹インフラ〃だと考えています」

道下剣志郎代表はこのような考えのもと〃お客様に最高品質のリーガルサービスを提案することを通じて、法曹インフラの発展に寄与する〃という使命を掲げ、その発展のため後進の育成にも努めている。2024年中に大阪へ、その後も日本各地へ進出する予定があるが、手を広げる理由の根底にもこの使命があるのだろう。

現在同事務所には、案件解決や展開のスピード、道下剣志郎代表の地道な努力や活躍を知って志望した20名程度の士業家が在籍。「当事者意識があり、責任感を持った人物と働きたい」と話す道下剣志郎代表が「優秀な弁護士やスタッフ」と評する、法曹インフラの進化に繋がる人材ばかりだ。「サポートは

道下剣志郎代表が「優秀な弁護士やスタッフ」と評する、法曹インフラの進化に繋がる20名程度の士業人が在籍

するから、恐れずに自分がやりたい分野を切り開いて欲しい」と、所属する弁護士やスタッフから要望があった書籍は道下剣志郎代表が全て自腹で購入している。「彼らが優秀になることが、法曹界への恩返しになります。私は、こういった行動が日本法曹界の発展に繋がると信じている。自身もその想いで常に挑戦を続けています」

社会に求められる弁護士とは、「たとえ未知の領域であっても恐れずに大胆かつ柔軟な発想で切り込み、不利益を被っている依頼者に法的な解決方法を示す。そして、社会全体の問題を自らの手で解決していく気概がある弁護士です。自ら法律知識、学識、能力、人生経験を総動員して彼らを育てることで、日本社会、国際社会に貢献したいと思います」

「自分で何かを成し遂げる気持ちがあるから、弁護士を志す方が多いはずなのです。しかし、弁護士になってしまえば『忙しい』としか言わなくなる人もいる。当然、言われたことだけやっていてはつまらない。もっと社会に、自らの意志で切り込んでいきましょう」

そう日本法曹界へ、日本の未来のために語りかける道下剣志郎代表の姿は、冬を超えた先に見る、桜舞う春の日差しのように眩しい。この光が未来を切り開き、希望の芽を育てるのだろうと強く感じさせられた。

PROFILE

道下 剣志郎（みちした・けんしろう）

2013年、一橋大学法学部法律学科　卒業。2015年、慶應義塾大学法科大学院法務研究科　卒業。2017年、弁護士登録(第一東京弁護士会)。西村あさひ法律事務所　入所。2020年、SAKURA法律事務所　開業。各種メディアにも多数出演する。

【実績】

【2022年】

メタバースの運用・利用指針を整備したガイドライン(バーチャルシティガイドライン)策定

メタバース インキュベーションプログラム＆アカデミア『METABERTH』に参画

一般社団法人Metaverse Japan「実空間メタバース」ワーキンググループに参画

【2023年】

内閣府知的財産戦略推進事務局「メタバース上のコンテンツ等をめぐる新たな法的課題への対応に関する官民連携会議」にて「メタバース空間内において生じ得る問題事案等とこれへの対応」資料を作成・提出

株式会社エスポア主催「リユニオンセミナー〜メタバースビジネスにおける経営戦略と法的ポイント〜」登壇

株式会社かんぽ生命保険「かんぽくんのおうち（メタバース空間）」の利用規約策定

メタバース/都市連動型メタバースの運用・利用指針「バーチャルシティガイドライン ver.2.0」策定

【所属】

第一東京弁護士会。バーチャルシティコンソーシアム。一般社団法人Metaverse Japanアドバイザー。内閣府知的財産戦略推進事務局 メタバース官民連携会議 有識者。

INFORMATION

SAKURA法律事務所

https://sakura-lawyers.jp/

所在地

・東京オフィス

〒106-0032

東京都港区六本木1-4-5アークヒルズサウスタワー4F

TEL 03-6910-0692　FAX 03-6910-0693

・ベトナム(ホーチミン)オフィス

PANTHEON LAW

02-04 Nguyen Hoang Street, An Phu Ward,Thu Duc City, HCMC, Vietnam

TEL +84(08)3588-1122

アクセス

東京メトロ南北線「六本木一丁目」駅より徒歩1分

営業時間

〈月〜金〉10：00〜19：00

〈定休日〉土・日・祝

取扱分野

【法人】

商取引・契約法務、コーポレートガバナンス・コンプライアンス、危機管理、医療法務、不当要求、AI法務、M&A・組織再編、ベンチャー支援・上場支援、ITビジネス法務、削除請求・風評被害、税務関係、訴訟対応、当局対応、労務問題、知的財産、クロスボーダー案件、事業承継、不動産関係、事業再生・倒産処理、顧問弁護士サービス、債権回収等

【個人】

離婚、交通事故、相続・遺言、成年後見、消費者被害、労働問題、債務整理、不動産関係、削除請求・誹謗中傷、刑事事件、不当要求、民事介入暴力対策、医療事件、債権回収、国際弁護サービス、危機管理案件、個人の顧問弁護士等

設立2020年1月

基本使命

お客様に最高品質のリーガルサービスを提供することを通じて、法曹インフラの発展に寄与する。

みなとみらい総合法律事務所

代表弁護士　辻居 弘平

依頼者様が話す情報を糸口に、深層の悩みを想像し把握することを心掛けています

目標は神奈川で１番の100 年続く法律事務所

企業顧問・不動産・相続までオールマイティに対応する

神奈川県横浜市に〝みなとみらい〟という地名がある。これは、埋め立て地を再開発する際に「みなと横浜」、「未来への発展を目指す21世紀の横浜にふさわしい」という条件から、愛称を公募して決められたものだ。海だった場所に人々の努力によって作られた、洗練された街並み。〝みなとみらい〟という愛称はそんな土地柄に相応しいと言えるだろう。

そんな、人々が未来へ向けて積み上げ形作ってきた〝みなとみらい〟の近隣に位置するのが、その名を冠したみなとみらい総合法律事務所。代表を務めるのは、若くして同事務所を立ち上げた弁護士の辻居弘平氏だ。

誇りを持って働く父の背を追って弁護士を目指す
若くして独立し〝自分が目指す事務所〟を開く

弁護士である父の背中を見て育った辻居代表。「父が誇りを持って弁護士の仕事をしていたので、自然と憧れました」と、その背を追って弁護士を目指す。東北大学法学部、同大学の法科大学院を卒業し、父と同じ弁護士となった。

横浜の大手法律事務所に勤務し4年ほど経った頃。事務所のトップ弁護士が引退する意向を示し、世代交代の波が訪れた。「若手の弁護士は、事務所に残るか独立する中堅の先生について行くかが殆どでした。しかし私は、失敗してもよいから、折角なら自分が目指す事務所を1から作りたいと考えたのです」

そうして、若干32歳の時に独立を決め、志を同じくした加藤尚敬弁護士と共にみなとみらい総合法律事務所を開業する。

独立は「今振り返ると無鉄砲だった」と辻居代表。「当時まだ弁護士になって5年。対応面では未熟さもありましたし、顧問先も殆どありませんでした」

一方、前事務所での経験から弁護士をサポートする事務局の重要さは感じており、開業当初から事務局員2名を正社員として雇用。こうした状況から、「当時、事務所経営は決して楽なものではありませんでした」という。

毎夜遅くまで働き、目の前の仕事に一生懸命取り組む日々。そんな中で多くの経験を得て学びを深めていく辻居代表。「顧問先の経営者の方々など、依頼者様から色々なお仕事を経験させていただき、弁護士として成長できた。私は依頼者様に育てていただいたのです」

こうした中で、依頼者が喜ぶこと、求めることを常に考え実践しながら成長を続け、次第に事務所の売上も右肩上がりに。組織体制も質・量ともに整っていった。

2024年現在、みなとみらい総合法律事務所は、弁護士6名、パラリーガル・秘書・経営管理の3パートに分かれた事務局には正社員7名、アルバイト3名が所属。150社以上の顧問先を抱えるほどに成長した。神奈川・東京に加え、ウェブ対応が容易になった近年は大阪・名古屋・北海道といった遠方の依頼者にも対応。開業当時から確実に規模を広げ続けている。

「依頼者様の真の悩みを解決することが弁護士の仕事」依頼者から感謝の言葉をもらう時がやりがいを感じられる嬉しい瞬間

現在同事務所が受け持つ業務は中小企業の顧問業務が多く、業務全体の5割ほどを占める。続いて不動産・相続問題が4割程度。その他には、破産管財業務、顧問先の従業員など、個人の離婚や交通事故なども手掛けている。

顧問業務は、契約書チェックや相談事の解決が主で、相談内容は法律トラブルから経営的なものまで様々。他士業とも連携し対応している。

「問題の予防が得意分野」だという辻居代表は、「相談を聞く際に、何でも喋っていただけるような、依頼者様にとって距離の近い存在でいることを意識しています」と言う。気軽に相談してもらえる雰囲気づくりも、早期相談や問題の予防実現に一役買っている。

さらに、「時には、依頼者様が話される情報だけではなく、その情報を糸口に、話にも出てこないような深層の悩みを想像し、把握することも心掛けています」とも。

相談は早いほど選択肢が増えるため、気軽に相談することを呼びかけている

「依頼者様の真の悩みを解決することが弁護士の仕事だと考えています。こちらから、法律にあてはめただけのご提案や話をしても、依頼者様にとっては意味がないことが多い。当事務所は、『法律の解釈はこうですが、悩みを解決するためにこうしましょう』という姿勢で取り組みます」

そして、依頼者から相談を受けた時点で、既に問題が起きているような場合は、「闘う姿勢で問題へ臨むこと」に重きを置く。

「あらゆる手段を講じて悩みを解決するとなった時、弁護士特有の解決手段が〝裁判〟です」

この裁判においては、担当する裁判官それぞれに特徴があるという。「『この裁判官ならば、この言い方が伝わりやすい』といったことも踏まえて進めていきます。裁判官に合わせた言い方をすることで、同じ主張でも有利・不利が変わるのです」

依頼者の想いに寄り添い、弁護士として専門知識やノウハウをフルに活かしながら、あらゆる問題を解決に導いていく辻居代表。そんな彼に弁護士という仕事の醍醐味ややりがいを伺った。「今はネット上に多くの情報が溢れている時代ですが、前述の〝裁判官の特徴に合わせた対応〟というような、実際に経験しなければわからない要素や情報も駆使しながら解決することが、弁護士の醍醐味だと思います」

「そして、弁護士業務の本質はお客様の悩みを解決することであり、法律はそのためのツールとして使うものです。どのように法律を駆使するかについて、また相手方や裁判官など各方面へのアプローチ方法といった、解決への道筋を考え実行している時もやりがいを感じます。その先にある解決へと辿りつき、依頼者様から感謝していただける瞬間が、もっとも嬉しくやりがいを感じられる瞬間です」

賃料増額や住民の立ち退き交渉などタフな仕事も手掛ける不動産業務　相続は遺言書作成から訴訟トラブルの解決まであらゆるケースに対応

みなとみらい総合法律事務所の業務の柱である不動産。これに関しては、不動産会社や多くの不動産を抱える企業経営者から主に相談が寄せられる。不動産が絡む遺言書作成や資産運用、休眠物件、賃料増額、住民の立ち退き、建て直し案などを支援し、法律的な観点から問題を未然に防ぐようアドバイス。弁護士業の枠を超えて幅広く相談に応じている。

「タフな交渉が要求されるケースも多い不動産の交渉事は、当事務所の得意とする分野です。法律や判例を整理し、それを武器に交渉して闘います」

たとえば賃貸物件の問題では、借地借家法により借主の立場が上であるという認識が強く、貸主は自身が不利だと認識している場合が多い。しかし、あくまで個別のケース・事情によるものであり、当然に結論が決まるものではない。一見不利な立場だとしても、闘い方次第では全く違う結論が得られることもある。

辻居代表は豊富な裁判や交渉の経験から概ねの見通しをつけ、依頼者がおかれている状況を分析し、それによって交渉のスタンス・戦術を考えていく。最初は望みが薄いと不安に感じている依頼者であっても、解決までの道筋を具体的に示すことで、その不安を取り除くことができるのだ。

そしてもう1つ、業務の柱としている相続問題。現在は、相続トラブル防止の相談が多く、特に終活の依頼も増加傾向にあるという。

「終活については死後事務委任の依頼が増えました。単身者や子どもがいない夫婦、また子持ちの夫婦からも『疎遠になっている子どもに迷惑をかけないために』とご依頼いただくこともあります」

神奈川で一番の事務所を目指し、顧客の力となっている

夫婦どちらかが先に逝去した際に、たとえば残された者が認知症などを患っていれば、手続きを行うことや葬儀の対応を行うことは難しい。「その段階になって途方に暮れずに済むように、亡くなった際に必要な知人への連絡や葬儀の手配などの依頼を、先んじて請け負っています」

他に多い相談は、不動産関係の相続や遺言書に関わるもの、事業承継だという。不動産関係の相続は同事務所の強みで、不動産鑑定士などの他士業と協力し、専門性が求められる不動産の評価も的確に行い、依頼者の想いに寄り添いながら進めていく。

遺言書に関しては、たとえば相続人の1人が、自分に有利な内容の遺言書を被相続人に無理やり書かせたかどうかをめぐる、遺言書無効を争うようなケースの相談もあるという。特に公証役場で作成

スタッフを大切に想い、風通しの良い職場環境づくりを意識

した遺言書は、日本の裁判では無効にすることが難しく「書かせたもの勝ち」になっている節があるのだ。しかしこのような状況であっても、辻居代表は依頼者が納得する結果を勝ち取るため、解決までの道筋を考え、不利な状況を跳ね返すべく闘い続けている。

「このような、いわゆる泥沼のトラブルとなっているような事案への対応も当事務所の強み。理想は『みなとみらい総合法律事務所ならばどんな問題でも解決してくれる』と思ってもらえるようになることです」と辻居代表。「基本的に、相談が早いほど選択肢が増えるので、弁護士に対して壁を感じず、気軽に相談して欲しい。『案件が重大か』を法の専門家として判断しますので、些細なことのように感じても、悩みがあればどんなことでも相談してもらえたら嬉しいです」と声高に呼びかける。

大切にするのは利益追求だけではない社会貢献の精神 立場や年齢関係なく誰もが意見を言い合える職場環境づくりを意識

依頼者から感謝された際のやりがいは、「なかなか味わえないもの」だと改めて語る辻居代表。一方でそれらの感慨を得るまでの責任は重く、辛いことも多い。しかし、辻居代表は「それこそが弁護士としてのやりがい。社会貢献という、ビジネスを超えた場所にあるものです」と語る。

事務所で働くスタッフに対しては、「弁護士も医師と同じ。事務所を維持するためには利益も大切だが、

『利益の追求だけではないこと』を最も優先し、事務所一丸となって依頼者様の役に立つ仕事をしていかなければならない」と常々伝えている。このように意識の共有に努めるのは、ＡＩが台頭し始めている現在、組織の強化が重要だと考えているためでもある。

事務局に所属する法律関係の事務を専門的に行うアシスタント、「パラリーガルがもっともっと活躍できる事務所にしていきたい」と辻居代表はいう。「弁護士の資格はなくとも優秀な方は多いです。今の事務所があるのは、弁護士は勿論のこと、このような資格はないけれど、事務所の理念に共感し日々一生懸命働いてくれるスタッフがあってこそ。組織が一体として力を発揮するため、風通しをよくすることを意識し、『弁護士ではないから』と遠慮せず、意見を出しやすい雰囲気づくりをしています」

事務所の平均年齢は30代、辻居代表自身も未だ36歳と若い弁護士だ。組織を引き締めるために40、50代のスタッフの力も借りて事務所を纏めているという。加えて、スタッフがメリハリをつけて仕事できるよう、休日は土日祝、年末年始に約２週間、夏休みに約１週間と多く設定。有給も消化するよう促し、永く働きたいと思える環境を作っている。

神奈川で1番の100年続く弁護士事務所を目指して1人でも多くの人を助けるために組織を強化し拡大する

「強い組織がある事務所が理想だと思っているので、そこを目指しながら拡大していきたい」と辻居代表は今後の展望を語る。拡大といっても支店を作るのではなく、現在の事務所を大きくする方針だ。神奈川県においては個人事業主の集合体といえる法律事務所が多い中で、20～30名以上の弁護士が組織として一体となった事務所を目指している。

「生意気な目標で恐縮ですが、『神奈川の弁護士事務所といえば、みなとみらい総合法律事務所』と呼ばれる、神奈川で1番の規模を有する法律事務所にしたいのです」

なぜ組織を大きくしたいのか。それは、「人助けの力になるためです。人助けをできる範囲を広げて行きたい」と辻居代表は力強く述べる。最近では、M&Aのノウハウを持った弁護士も加入し、専門的な対応ができる分野が増えた。弁護士が増えることによって、対応できるジャンルが増え、依頼が多くとも人手が足りずに依頼を断らずにすむようになるのだ。

同事務所のHPには〝「お客様のちからになりたい」、それこそが、私たちの原動力〟と記されている。これには、「私たちはビジネスではなく、損得抜きで依頼者様のために動きますという想いが込められているのです」という。

「今みなとみらい総合法律事務所で働いてくれているスタッフは、〝社会貢献〟と〝神奈川で1番の事務所を目指すこと〟、この2つに賛同してくれたからこそ参画してくれていると思うので、ぶれずに方針を持ち続けたい。そうしてどこにも負けないオンリーワンの組織を作っていき、100年続く事務所になっていけば嬉しいです」

この抱負を胸に、みなとみらい総合法律事務所はスタッフ一丸となって、100年先の依頼者にも貢献するために歩み続けていく。

PROFILE

辻居 弘平（つじい・こうへい）

1987 年、神奈川県横浜市出身。
2006 年、私立栄光学園高等学校 卒業。
2010 年、東北大学法学部 卒業。
2012 年、東北大学法科大学院 卒業。
2014 年、神奈川県弁護士会 登録。
2019 年、みなとみらい総合法律事務所 開業。

■所属
神奈川県弁護士会知的財産法研究会幹事、住宅建築紛争委員会、スポーツ法研究会。
■講演・セミナー
パナソニックホームズ株式会社主催　パナソニックホームズ・グッドパートナー様総会 特別記念講演「借地借家法・裁判例から紐解く立ち退きにおける弁護士の視点とは」、ジブラルタ生命池袋支社　遺言相続セミナー講師、関東学生リーグ所属チーム監督・ヘッドコーチらで組織する監督会に向けた「スポーツビジネスと法」に関するセミナー　講師、株式会社 GAMO 主催　美容院の働き方改革セミナー　講師　他多数

INFORMATION

みなとみらい総合法律事務所

https://mmslaw.jp/

所在地
〒 231-0011
横浜市中区太田町 5-61-1 BRICKS 馬車道舘 7F
TEL　045-228-9152　FAX　045-228-9153

業務内容
相続・事業承継、不動産、企業顧問を中心とした各種法律問題対応全般

アクセス
みなとみらい線「馬車道」駅 5 番出口より徒歩 2 分
横浜市営地下鉄ブルーライン「関内」駅 9 番出口より徒歩 4 分
JR 根岸・京浜東北・横浜線「関内」駅北口より徒歩 6 分

電話受付時間
〈月～金〉 10：00～18：00
〈休業日〉 土・日・祝

設立 2019 年 1 月

事務所理念
・AI に負けないスペシャリスト集団
・地域密着型の“総合”法律事務所
・クライアント、そして、所属する弁護士・スタッフは家族である

弁護士法人高井・岡芹法律事務所

代表社員弁護士　**岡芹 健夫**

状況が不利でもどうにかできる証拠と
有利な事実を探し回る気持ちがあるのが、
一流の弁護士です

各論を活かす使用者側の労働問題におけるスペシャリスト

師の教えを後世に残すべく後進の育成に励む

日本の労働問題において、1973年は転換点。第一次オイルショックにより日本の高度成長期が終わりを迎え経済成長は戦後初のマイナスとなった、日本の経済構造に変化が産まれた年だ。この年から雇用情勢は悪化、それまで盛んだった賃上げを要求する労働闘争から、生活を護るための闘争をする時代へ移り変わった。

そんな年に故高井伸夫氏によって開業されたのが、高井伸夫法律事務所。現在の弁護士法人高井・岡芹法律事務所である。開業当時から使用者側に立った労働問題を業務の中心に据える同事務所の現代表は、30年のキャリアを持つ岡芹健夫氏だ。

出逢いに恵まれながら弁護士の道を歩み始める〝傑物〟と評する労働問題弁護士、高井伸夫氏に師事

岡芹代表が早稲田大学法学部に入ったのは「入学できる中で世間的に1番評価される学部だった」という半ば消極的な気持ちからである。司法試験を受けたのは、「友人が司法試験を受けるというのが大きかった」から。また、「中立的な立場で人を裁く自信がなかったため裁判官は選ばず、刑法よりは民法が好きでしたので弁護士の道へと進みました」と語った。当時の司法試験は難しく、数度受験した後に合格。晴れて弁護士となる。

山口県で司法修習を受けたが、当時の地方での就職活動は厄介であった。インターネットが普及しておらず、東京にコピー禁止の求人募集冊子が置かれていた程度だったのだ。

「しかし幸運なことに、司法研修所の教官が、高名な労働事件の弁護士である安西愈先生でした。その安西

依頼者に好意を持ち「役に立ちたい」と尽力する高井氏の姿勢は今も受け継がれている

先生に相談した際に、紹介していただいたのが高井伸夫法律事務所です」

高井伸夫法律事務所は、著名な労働法の弁護士である高井伸夫氏が1973年に開設。使用者側に立つ労働事件を中心に携わってきた。

「高井伸夫先生は傑物です。温和にして意があり、豪傑なようでいて意外と緻密。話しているだけでも『これは大変な人だ』と瞬時にわかりました。これまで出会ってきた何千人もの弁護士の中で3本の指に入る人物。そんな方に弁護士人生の最初に出会えたのは、運命だと感じています」

岡芹代表が入所したのは1994年。開設時ほど労働運動が盛んではなかったが、それでも業務は労働組合事件への対応が半分、労働者個人への法的対応が半分を占めていた。

忙しい職場故に退職者も多かったが、岡芹代表は「高井が尊敬できる人物で、仕事も面白かったので続けていました。興味を持って取り組んでいたので、高井にも目をかけてもらっていたと思います」という。そして、「労働事件よりも興味を魅かれたのは、高井の技術と視野の広さです。とても追いつけるような人物ではありませんでしたが、私は彼を見て育ちました」と語った。

２０１０年、岡芹代表は所長代行として髙井氏と共に代表を務めることとなり、事務所名を髙井・岡芹法律事務所と改称。「依頼されたのならできる限りやらなければ」と様々な案件に対応するうちに労働問題の他、会社法関連、株主総会、会社と役員のもめごと、果ては債権回収や差し押さえ、経営者家族の離婚問題から相続問題の案件など図らずも業種の幅は広がった。

成長を続けていた同事務所だが、「両代表が常に元気でいるわけではない」と考え、長く事務所を続けるため、組織化や支部の開設を検討し始めた。

２０２３年に法人化し髙井氏と岡芹代表が代表社員となった矢先、髙井氏が惜しまれながら逝去。岡芹代表が単独で代表を務めることとなった。

社員個人、労働組合、組織労働法など多岐に渡る労働問題 全ての労働事件を解決に導くことができる対応力

２０２４年４月現在、同事務所の布陣は弁護士13名、秘書を含む事務職10名。業種業界に拘わらず大手企業を含む約３００社の顧問業務を務め、労働問題の解決をサポート。大きなプロジェクト、問題社員の管理といった細く長い仕事まで請け負っている。

労働事件と一口に言っても案件の内容は、ローパフォーマーの問題社員や従業員への残業代について、人員整理、就業規則の変更、会社分割に当たっての社員移動など様々だ。中でも典型的な案件は社員個人対応、労働組合対応、組織労働法対応の３つに属するものである。

〝社員個人〟については、問題社員の解雇など。「『いかにその人物が会社にマッチせず、今後も戦力にな

らないのか』と、個別の会社や人に着目した主張をする必要があります」

〝労働組合〟の問題は、組合からの団体交渉、ストライキ、会社側の不誠実対応、不当労働行為などの訴えに対応。「訴えられても如何に失点を少なく抑えるか、団体交渉をいかに円滑に進めるかを重視しています」

〝組織労働法〟は、事業所や関連会社を縮小・廃止する際の従業員解雇・事業所（会社）間移動などを扱う案件だ。従業員の出向、転籍といった労働力移動、人員調整のサポートを行う。

これら全てに対応するには多くの知識が必要だが、「当事務所は全ての労働事件に対応できます。苦手なものはありません」と岡芹代表。所属弁護士に対する信頼が伺える。

会社と個人を弁護する上で重要な各論〝悪魔は細部に宿る〟と証拠や事実関係を隅々まで調べ考慮する

名目としては同じ案件でも、訴訟で勝つか負けるかはわからない。特に労働事件はやり方次第で結果が分かれるという。岡芹代表曰く「結果を左右するのは各論」、個々の事情に沿った切り口が重要なのだ。

「法律と裁判例の主張だけでは教科書的な結論が出るのみ、それが最善とは限らない。目の前の案件に対し、如何に説得的で具体的な根拠を取れるかは、事案ごとの労働者・お仕事・職場・会社の業種・時代環境、地域性などの各論によって変わります。これらに同じものは2つとなく、天の時、地の利、人の和、その全てを考慮する必要があります」

こうした各論の十全な考慮は、誰しもができることではない。事務所に所属するうち数名が出来れば良いというほどだ。高井氏も、法律や裁判例の調べ方については個人の努力に任せ、各論の探し方の指導に注力していた。「状況によって臨機応変に探し方を変える必要がある各論。この準備で裁判の勝敗が分かれます。本当は勝てた事案でも、準備不足により、正攻法だけに頼って負けることがありうるのです」

正攻法で負ければ言い訳も立つかもしれないが、「それでは顧問料を頂戴している依頼者さんに申し訳が立たない」と、岡芹代表は責任感溢れる言葉で語った。

また、岡芹代表は「面倒臭がらないこと」も大切にしている。証拠と具体的事実を確実に抑え、「○○ということはまさかないだろう」といった僅かな蓋然性を軽視する言葉は使わない。

「証拠は穴があくまでよく見てよく読む。会社側や労働者側、労働者側の代理人も重視していなかったが、爆薬にも宝物にもなる証拠が潜んでいることもある。〃悪魔は細部に宿る〃のです」

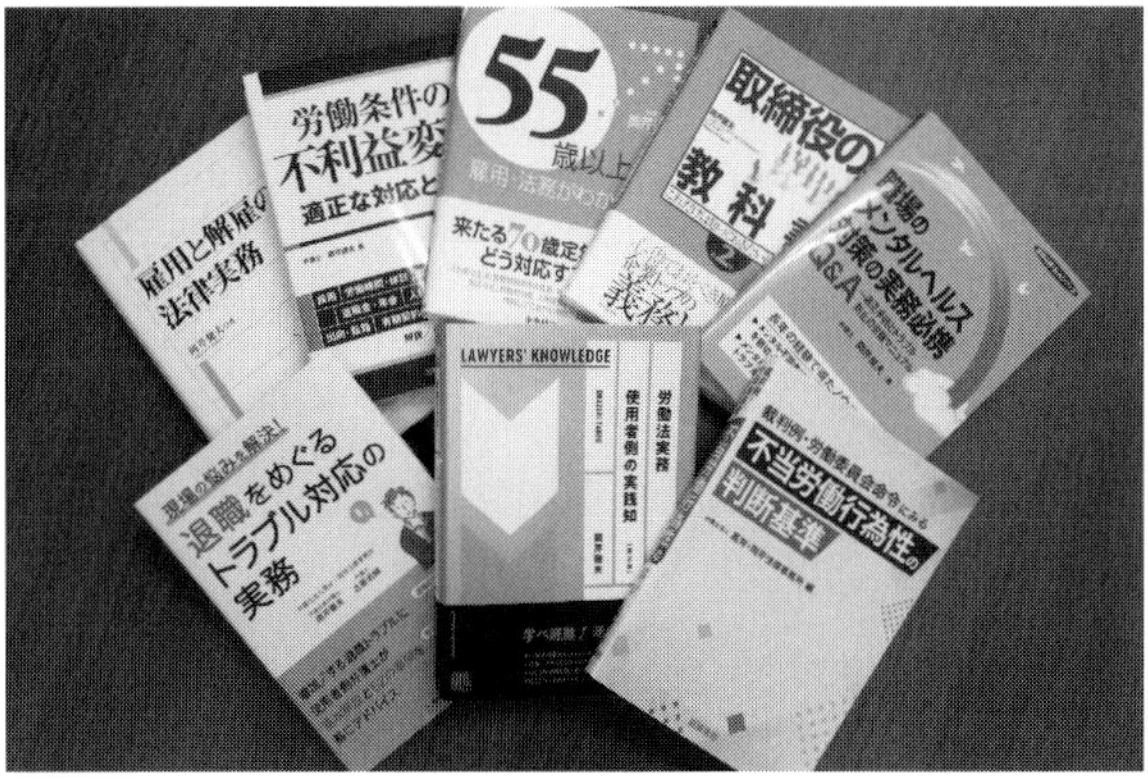

髙井氏は反対尋問の打ち合わせの際、岡芹代表の答えに対して、わずかな疑問点にも再質問を繰り返していた。「髙井は経験も知恵も洞察力もある、各論が見える人間。最初から要点を捉えており、業務も再質問も効率的でスピーディでした」と、尊敬が滲む声で語る。「尋問は10個用意して1個役に立つかどうか。それでもあらゆることを調べ尽くし、想定出来得る限りの問題点を埋めていきます」

岡芹代表は〃木を見て森を見ず〃という言葉を好ましく思っていない。「逆に、森だけを見て木1本1本の観察を疎かにするのはよくない。本当に大きいことが出来る人は、細かいことを軽視しません。安西先生からも『大きいことに忠実な人間は、小さなことにも

依頼者の実情と必要に寄り添った対応経験を活かし書籍も出版

忠実である』と、言葉を引用して教わりました」

木を見ながら森を見るには、視野の広さも重要だろう。「自分の行動で人の仕事に悪影響が出ないか。物事の優先順位、担当、自分の立場ならば何をすればよいかを考え動くこと、全体を把握しておくことも大切です」

8割は法廷の前に決まっている裁判結果。しかし、「それでも勝つために新事実を探し続け、息をひそめて相手側の貴重なミスを待つ」という。依頼者に意見を述べる際、「明日になればどう考えるかはわからない」と伝えることがあるが、それも新しい材料を得て、別の結論を導く可能性があるためだ。「そして、チャンスを見つけた時には、全身全霊で走り出す。労を惜しまぬ準備をし、希望が見えれば瞬時に走り出す。弁護士に最も大事なのは準備期間といえるマラソンですが、スプリントも重要です。得手不得手はありますが、得意分野を活かすことで状況を打開していきます」

依頼者に好意を持って接し、役に立とうと尽力する
良い法律家とは文章が正確に早く読めるもの

「依頼者が勝つということは自分が勝つということ。勝負事が好きなので、それがモチベーションになっています。『依頼者のため』は『自分のため』です」という岡芹代表。そんな彼が、所属弁護士に常に伝えていることがいくつかある。

「特に身に着けて欲しいのが、文章を正確に早く読むこと。良い法律家は文章を正確に早く読めるものです。また、高井ほどの傑物になるのは難しくとも、判例をしっかり調べ、基本に忠実に10年程仕事をすれば一線

級の弁護士になります。特に最初の5年間必死に頑張り、勤勉さを身に着けることが大切です。そうすれば要領が悪い人でも追いつくこともできます。弁護士は才能の仕事ではありません、工夫と努力次第です」

そして、「依頼者さんに好意を持つことも大切。これも髙井の教えです」と岡芹代表。好意をもって接しなければ、依頼者が自身に不利な内容を共有してくれない場合がある。不利な条件を知らないまま裁判が始まってしまっては、対策を打てなくなってしまう。

『依頼者さんのお役に立ちたい』と考え、様々な媒体からアイデアを探し、相手にミスがないかどうかも注視、常に嗅ぎまわりチャンスを探す。そのためには社会の実情も知らねばならず、新聞の一面だけでも毎日チェックするのは当たり前。依頼者さんに好意を持っていなければ、この様な努力は継続できません。状況が不利でもどうにかできる証拠と有利な事実を探し回る気持ちがあるのが、一流の弁護士です」

岡芹代表は「倫理に反する依頼は断ります」という。法理に反する際は「法律には反しているかもしれないが、社会道徳には反しない」と結論づけて弁護することもできる。しかし、道徳に明らかに反する場合は弁護できないためだ。

これも、好意を持って接し、依頼者のために弁護したいと考えるための、最低限の線引きではないだろうか。依頼者のために勝ちを目指す岡芹代表、その熱い心根が窺えた。

依頼者の期待に応えることが日本の労働生産性向上に繋がる
後進を指導し髙井氏の教えを後世に繋ぐ

「顧問契約を結んでいる依頼者さんを失望させるのは腹が立つ」と岡芹代表。「依頼者さんは勝ってくれと顧

視野を広く持ち、物事の優先順位や行動など全体を把握することを大切にしている

問料を払ってくださる。顧問料に恥じぬ活躍をし、結果を出します」

そんな岡芹代表は、展望を「依頼者さんの期待に広く応えることを通して、業種間の労働力移動や年功序列型の評価から成果主義型の評価への変更など、日本人の労働生産性を高めるような労働環境づくりの一助になりたい」と語る。

「依頼者さんの人事労務、更には経営にとって、法律の一般論を超えて、依頼者さんの実情と必要に寄り添った解決策を提示できる弁護士を目指したい。そうして事務所を維持することが、所員の生活を護ることにも繋がります」

岡芹代表は〝傑物〟と評する高井氏に20年もの間、弁護士の仕事を教わった。

「私には、高井の技能を後に伝える責任がある。どこまで再現できるかはわかりませんが、後世にできる限りを残していきたいのです」

師の想いを継ぎ、未来へ繋ぐ。そうして更に高井・岡芹法律事務所は飛躍し、永く広く、悩める経営者に寄り添っていく。

PROFILE

岡芹 健夫（おかぜり・たけお）

1991 年 3 月、早稲田大学法学部　卒業。
同年 10 月、司法試験　合格。
1994 年 3 月、司法修習　修了（第 46 期）。
同年 4 月、第一東京弁護士会　登録、高井伸夫法律事務所　入所。
2009 年 5 月、高井伸夫法律事務所　所長代行就任。
2010 年 1 月、高井・岡芹法律事務所に改称、同所所長就任。
2023 年 1 月、弁護士法人高井・岡芹法律事務所に組織変更、同所代表社員就任。

■所属

経営法曹会議　幹事、第一東京弁護士会常議員（2 期）、第一東京弁護士会労働法制委員会委員、公益社団法人全国求人情報協会理事、社団法人東京指定自動車教習所協会　監事、公益財団法人カシオ科学振興財団監事、株式会社日税ビジネスサービス　取締役、西武文理大学ホスピタリティ大使特命教授、一般社団法人人材サービス産業協議会　監事、一般社団法人日本人材派遣協会　監事

■著書

「労働法実務　使用者側の実践知〔LAWYERS’ KNOWLEDGE〕第 2 版」／株式会社有斐閣、「取締役の教科書〔第 2 版〕これだけは知っておきたい法律知識」／経団連出版、「職場のメンタルヘルス対策の実務必携Ｑ＆Ａ―適正手続とトラブル防止の労務マニュアル―」／株式会社民事法研究会　ほか多数

INFORMATION

弁護士法人高井・岡芹法律事務所

https://www.law-pro.jp/

所在地

〒 102−0073
東京都千代田区九段北 4−1−5　市ヶ谷法曹ビル 902
TEL　03−3230−2331　FAX　03−3230−2395

業務内容

人事労務・労働法全般、企業法務

アクセス

地下鉄各線「市ヶ谷」駅より徒歩 5 分
JR「市ヶ谷」駅より徒歩 8 分

受付時間

〈月～金〉9：00～17：20

設立 1973 年

ご挨拶

50 年以上にわたり、多数の上場企業を含む約 300 の企業・団体の顧問弁護士を務め、日常労務問題から人員削減・事業再編・人事制度変更・集団的労使問題、企業法務まで幅広く扱っております。顧客企業の円滑・活発な企業活動の一助となり、ひいては社会的責務を果たしていく所存です。

西野弘起法律事務所

代表弁護士　西野 弘起

裁判で勝つことだけではなく、法律を活かした
解決策を考える弁護士でありたい

依頼者の心に寄り添い
“納得する解決”へ導く弁護士

SNSやアプリといった最先端の問題から相続問題まで解決する

2000年代初頭、法律をテーマにした番組が流行し弁護士がテレビに出始めた。テレビの向こうで法律について熱く語る姿に憧れた者も少なくないだろう。

西野弘起法律事務所を営む代表の西野弘起氏もその1人。「当時中学生だった私は、法律と知識を使って問題を解決することを面白く思い、弁護士を志しました」

また、『友人たちの仲が悪くなって欲しくない』という想いから、トラブルの調整役を進んで務めていました。これも、この道に進んだ理由の1つです」と、生来の優しさを滲ませながら語る。

独立を目標に弁護士としての基礎について学ぶ 自らマネジメントし自由に働くことができる独立のメリット

西野代表は大阪大学法学部、同大学の高等司法研究科を修了し、2014年には司法試験に合格、司法修習を経て弁護士となった。勤務先に求める条件は完全歩合制であること。そして、近い将来の独立である。「父も母の実家も自営業であるからか、独立やマネジメントに対する強い願望があったのです。面接の際に『いつか独立したい』という要望に頷いてくれた、大阪市内の法律事務所に入所しました」

西野代表は独立のメリットを「自分が決めた解決策で事件を進められることです」という。同じ結論へ至る問題でも様々な解決策がある。勤務弁護士ならば基本的に事務所の代表が指示したルートで進行することになるが、独立すれば自らが選んだ自信がある方法でアプローチできるのだ。加えて、依頼内容や分野をある程度絞ることで、得意分野の形成も容易になる。

「時間の自由度も上がり、平日に旅行し休日にその分の仕事を割り振ることや、帰宅時間の調整もできます。

勿論、忙しく働くことも選択できる。時間と仕事量の調整を自らの裁量で決められることは、独立の大きな利点です」

前所属事務所の得意分野は交通事故や債務整理。債務整理では再生計画を立て裁判所に借金が減額されるかを問う〝個人再生〟の依頼を多く取り扱っていた。「個人再生を取り扱う事務所は珍しく、経験は多い方だと思います」

交通事故は競合先に大手事務所が多く、個人再生を多く扱うには人手が必要。事務所の現体制では多数の案件を取り扱うのが難しいが、それでも経験豊富な西野代表を頼って他の弁護士から交通事故や個人再生の依頼が寄せられる。同業者からの信頼には、西野代表の確かな実力が伺える。

シェアオフィスやチャットツールを有効活用
依頼者の歩調に合わせながら商品である〝時間〟を最大限に活かす

2021年に、個室を設けたお洒落なシェアオフィスで開業した西野弘起法律事務所。シェアオフィスの利用は、同事務所の「無駄な経費を削減して、利益の最大化を図る」堅実な方針の一環だ。また、製造業に必要な機械や小売業に必要な商品も必要ない士業家は、シェアオフィス向きの職業であると判断した合理的な選択でもある。

依頼者とのやり取りにはチャットツールを活用。ＣhatworkやＳlack、ＬＩＮＥなどを依頼者によって使い分ける。同事務所の顧問先は若手経営者が多く好評だという。

メールと比較した際のチャットツールの利点は、面倒な体裁を必要とせず、気軽にやり取りができる点。

また、フォルダ分けなどの作業をしなくても見逃す心配もない。電話と比較するのならば、時間帯を問わず連絡を取ることができる点だろう。弁護士、依頼者間のやり取りが容易になることで、依頼者の不安を軽減することができる。

「依頼者さんが連絡しやすい手段を取ることは、良い解決をするために必要だと思います。弁護士というのは自分の時間を売る仕事。その時間を最大限に活かして、より多くの人にサービスが提供できるように今後も考えて行きたいです」

SNSやアプリの利用規約など　ウェブの問題に造詣の深い弁護士
アナログ世代とデジタルネイティブを繋ぐ〝はざまの世代〟の役割

日々濁流のように情報が流れるインターネットでは、閲覧者の目に留まるよう事実に反する決定的で強い言葉を使う広告も多い。そういった広告では景品表示法違反、サプリメントの広告では薬機法違反が懸念される。

またSNSの利用は、気軽さ故に精査せず投稿した不適切な内容、もしくは投稿した内容が意図せず非難の的になる、所謂〝炎上〟する蓋然性もはらむ。炎上した企業や人物は、パニック状態に陥り新たな問題を呼び込んでしまう場合も多い。SNSは新しい時代の法律問題の宝庫ともいえるだろう。

しかし、法律の整備が進んでいないためか、SNSを業務内容として大々的に打ち出している弁護士は未だ少ない。そんな中、西野代表はSNSに纏わる案件を得意とし、解決に導いてきた貴重な存在だ。

「SNSは注目を集めるためのコンテンツと信頼を得るためのコンテンツに分かれているのです。営業や求

お洒落なシェアオフィスで開業することによって、経費削減と利益の最大化を図っている

人を行う際は目的と活用方法を定める必要があるので、法律的な観点以外からもアドバイスできるように心掛けております」

企業がＳＮＳで炎上し非難された案件に対応した際は、謝罪のプレスリリースや各所への対応に東奔西走。「謝罪文の書き方、投稿のタイミング、コメントの方法などについてアドバイスをしました」

顔が見えない不特定多数から多くの非難をぶつけられたのなら、世の中全員が敵に見えるようにもなるだろう。そんな時に弁護士が味方でいることは、依頼者に強い安心感を与える。同じ方を向いて悩む味方がいることが、依頼者の心を支えるのだ。

また、「悩み事はシェアした時点で半分、残り半分は実行段階で解決されると考えています」と西野代表。法律的な説明だけでなく、悩みを共有し依頼者に寄り添うことが良い解決に繋がっていく。

これからの時代は、ＳＮＳアカウントの承継やフォロワー数による価格の考慮にも弁護士の力が必要になる。「対応するにはＳＮＳやウェブに対する鋭い感覚が必要です。常に理解できるよう努力したいと思います」

西野代表は、仕組みに沿った利用規約を作成するためのアドバイスも行っている。アプリの利用規約では、システムの制作段階から関わり相談を受ける場合もあるという。「無料の雛形を使用して利用規約を作成することもできますが、個々のアプリに合わせたものではないので不十分な場合があります。法的不足がない状態で公開するためには、弁護士の目線が必要です。ウェブ化が進む現代において、更に増加する案件でしょう」

利用規約は理不尽な訴えを退ける材料になり得る。また、アプリの使用用途が明確になるため、アプリにカード決済などを導入する際の手助けにもなるという。新しいアプリの対象者や用途は想像しにくいもの、利用規約がその理解の一助となっているのだ。

もう10年もすればデジタルネイティブ世代が社会の中心となり、ＩＴやＳＮＳは誰もが使えるものになる。「私はネットが普及していく頃に生まれた、デジタルネイティブとの〝はざまの世代〟です。アナログ時代についても理解し、ＳＮＳも問題なく扱える。その利点を活かして、古き良き日本産業についての発信などを行っていくことも、我々の責務でしょう」

増加傾向にある相続問題にも精力的に対応
他士業と連携によるワンストップの問題解決

西野代表はＳＮＳやアプリといった新しい時代の案件に取り組みつつ、土台となる契約書の作成やチェッ

他士業と依頼について相談し合い、専門家同士の連携を大切にしている

ク、人事労務問題などの企業顧問業務も疎かにすることはない。また、個人の案件では、高齢化社会に伴って増加傾向にある相続問題の対応も精力的に行う。

団塊の世代は貯蓄額が多く、その相続に関する問題が今後増加することが予想できる。高齢の単身者も増えており「疎遠な兄弟が相続するのであれば寄付をしたい」といった依頼や、元来は子に依頼していた散骨の相談などの依頼も寄せられるようになった。また、高齢者同士の相続も増加。亡くなった人物（被相続人）が90代ならば、子の殆どは60〜70代。高齢の相続人が紛争を抱えることや、相続人が認知症であることが懸念される。また核家族化の影響か、近年は相続人と連絡が取れないという相談が増加。生死すら分からないケースもあるという。

他士業の方が相続問題への取り組みが盛んだが、相続人が音信不通である場合や調停を行う場合は弁護士でなければ交渉や代理人として活動できない。西野代表は、いくつかの士業グループに所属し若手弁護士の代表を務めていることもあって、連携先の他士業からそのような問題の解決を依頼されることも多い。「他士業と事件の取り合いになるとも言われますが、私は連携を大切にしていきたいのです」

反対に、西野代表が他士業に依頼の相談を持ち掛けることも。専門家同士で連携することにより確実な問題解決ができている。

分かりやすい説明と関係性を慮った優しい解決『無欲は怠惰の元である』と新しい目標に向かい走り続ける

依頼者と接する上で、分かりやすい説明を心掛けているという西野代表。

「正確性ばかり意識した説明では依頼者さんが理解しづらい。文章で正確に、口頭では噛み砕いて分かりやすく説明します。また、法律だけでなく、お悩みや気持ちに寄り添った提案をするようにしていますね」

西野代表は依頼するタイミングについて「経営者は悩みがあることも話しづらいと思います。ですから、悩みと言わず『面倒臭い、やりたくない。人に任せてしまいたい』と思った段階で相談して欲しい。相談してもらえたら、今後問題になるか否かを法律のプロが判断いたします」と語った。

「裁判で勝つことだけではなく、法律を活かした解決策を考える弁護士でありたい。紛争を抱えず、時間をかけずに解決する手段を常に模索し、相手のメリットなども考慮し、納得できる解決ができるよう動くのです。裁判で係争相手に悪い印象を持たれることを恐れ弁護士へ相談するかを迷っている方、判決以外の穏便な決着を望んでいる方は、是非依頼してください」

法律的な説明だけでなく、悩みを共有し依頼者の心を支えている

幼い頃、喧嘩の仲裁を得意としていた西野代表らしい言葉だ。

弁護士として独立するという中学生の頃からの目標を若くして叶えた西野代表。夢を叶えてしばらく、『無欲は怠惰の元である』という言葉を実感したという。そこで西野代表は「次の欲、目標を立てる必要がある」と、より多くの人に法的サービスが提供できるように、3年後には依頼件数を2倍という目標を自身に課した。「具体的なゴールを設定していた方が、その達成に向けて頑張ることが出来る。まずは目の前にいる依頼者さんと全力で向き合いたいと思います」

たとえば、実際に現場の問題を理解するために自ら起業することも検討中だ。もちろん、新しい事業を始めても、本業である弁護士業には力を尽くす予定である。

弁護士は1つの仕事に取り組む時間が長く、先を見据えた活動が必要となる。西野代表は新しいフィールドでの活躍を欲し、無欲で怠惰な存在にならないよう新しい標を目指し続ける。そうすることで、新しい時代の先端に立つ努力を続けていくのだ。

PROFILE

西野 弘起（にしの・ひろき）

1988 年、大阪府に生まれる。
府立富田林高等学校、大阪大学法学部　卒業。
2013 年、司法試験予備試験　合格。
2014 年、大阪大学高等司法研究科（大阪大学法科大学院）修了。
2014 年、司法試験　合格。
2016 年、大阪市内の法律事務所　入所。
2021 年 7 月、西野弘起法律事務所　開業。

【著書・記事】
著書（共著）:『三士業がクロスする相続事案の解決力』／清文社
記事:『利用規約を作成する際のポイント』／ちょこ弁 ちょこっと弁護士 Q&A

INFORMATION

西野弘起法律事務所

https://nlc-office.com/

所在地
〒 541-0047
大阪市中央区淡路町 1-6-9
DP スクエア堺筋本町（旧：堺筋サテライトビル）8F
TEL　06-7777-4766
FAX　06-7739-5127

業務内容
企業法務、相続（遺産整理・遺言作成執行等）、交通事故・労災事故、債務整理

アクセス
大阪メトロ堺筋線・中央線「堺筋本町」駅より徒歩 8 分
京阪本線・大阪メトロ堺筋線「北浜」駅より徒歩 7 分

営業時間
〈月～金〉 9：00～18：00
〈定休日〉 土・日・祝

設立 2021 年

ミッション
豊富な法律知識と経験を駆使して、お客様の事件や問題を最良の結果に導く

弁理士法人 浅村特許事務所・浅村法律事務所

所長　浅村 昌弘

常に複眼で見て意思を決定し、
本質を見抜く経営を
心掛けていきたいです

時代と国境を超え依頼者に頼られる由緒ある弁理士事務所

新しい時代の案件も万全の体制で解決する

「おもしろき こともなき世を おもしろく」

幕末を生きた尊王攘夷志士、高杉晋作の辞世の句である。この句を引用しながら、浅村特許事務所の弁理士かつ浅村法律事務所の弁護士、そして両事務所の所長を務める浅村昌弘氏は「心の持ち様で、苦労も前向きに面白い事柄としてとらえ、健全な危機感を持つことができる。私は、どんな仕事でも前向きに取り組めるようにしたいのです」と語る。

そんな彼に、1891年から続く日本で最も長い歴史を持つ弁理士事務所、浅村特許事務所について、また自ら立ち上げた浅村法律事務所についてお話を伺った。

後の総理大臣に依頼され開設した現存する最古の弁理士事務所
様々な立場からの視点で考える〝複眼思考経営〟

専売特許条例が公布されたのは、文明開化の音が鳴り始めて久しい1885年のこと。その2年後、浅村所長の曾祖父である浅村三郎氏は審査官として専売特許局（現在の特許庁）へ入局する。当時は特許制度についての理解が民間に浸透しておらず、出願が少なかった。そのため、後の総理大臣である専売特許局初代局長、高橋是清氏は浅村三郎氏に「民間に下り発明などの啓発に努め、代理人として手続きをする制度を作って欲しい」と依頼した。

それを受け、浅村三郎氏は1891年、民間特許事務所の先駆けである大阪特許代言社（現在の浅村特許事務所）を開業。その後2008年には同事務所を法人化、2022年に弁理士法の改正により名称を変更し、現在の弁理士法人 浅村特許事務所となった。

弁理士法人
浅村特許事務所・浅村法律事務所

知的財産価値評価サービスも立ち上げ、特許事務所と弁護士事務所がワンストップ対応で知的財産について扱う

5代目となる浅村所長は、千葉大学工学部機能材料工学科出身。エジンバラ大学、ランカスター大学に留学し修士課程を修めている。

化学に携わる職業と悩み弁理士となることを決めた後も、難関試験に合格できるかという不安があった。その不安を振り払うように、事務所で働きながら勉強に取り組み、2001年には弁理士試験に合格する。

また、特許に関する紛争について相談を持ち込む依頼者が多く「これからは当事務所も法律関係の部署を作り、知的財産権の紛争についても扱っていきたい」と浅村所長は考えた。そうして、2007年に司法試験に合格し、2011年に浅村法律事務所を設立。現在は特許や商標の取得から、それらに纏わる紛争やライセンスによる活用までワンストップの対応が可能となっている。

「弁理士か弁護士、どちらに相談して良いか分からない依頼者さんが来ても、話を聞いて判断し、両方をチームで請け負うことが出来る。良いシナジーを生んでいます」

2019年、浅村特許事務所の所長に就任。現在、特許事務所では主に経営や営業、法律事務所では訴訟などの実務を精力的に行っている。

「最先端の技術やビジネスについて学ぶことができ、知的好奇心が刺激される案件ばかり。依頼者さんの個性や背景を知っていくことも面白いですね」

浅村所長は実務、経営双方ともに、様々な立場から物事を捉える〝複眼思考経営〟を念頭に置く。紛争中であれば依頼者の視点は勿論、相手方や裁判所、行政の考え方も予測し助言を行い、経営についても所員、依頼者、また外部の専門家の視点まで思慮。そうして、「常に複眼で見て意思を決定し、本質を見抜く経営を心掛けていきたいです」と浅村所長は語った。

依頼者に寄り添い特許権、商標権、意匠権の取得に尽力する弁理士業務 商品の権利を守ることにより日本文化を守っていく

浅村特許事務所は技術、商品やサービスの権利である特許権、商標権、意匠権の取得に尽力。寄せられる依頼の約90%が国際的な案件、取引をする200に渡る国と地域には約5万人の顧客が存在する。機械電気部、商標意匠部、化学部、IPアドミニストレーション部、管理部から構成され、弁理士34名が所属。それを83名の所員がサポートする万全の体制で、信頼が置けるサービスを提供している。

IPアドミニストレーション部は、外国出願の際や権利の移転の際に各国で必要となる様々な書類の準備という手続の支援に加え、コンサルティングや企業顧問のような機能も担う。中小企業では、知的財産権の専門家が在籍する知的財産を管理する部署がない場合もあるため、競合他社の出願状況を確認し定期的に報告するなどの仕事を、同事務所が請け負っている。

スピード勝負かつ正確性が求められる特許の取得は、1日の遅れや1つのミスで取り返しがつかなくなる場合もある。そのため、所員がしっかりダブルチェックを行い、ミスがないよう心掛けている。

また、顧問先の技術者と開いている〝発明発掘会議〟では、新しい発明やこれまでの軌跡から特許を取得できそうな技術について話し合いアドバイスをしている。ダイヤモンドの原石を探そうと依頼者に親身に

なって取り組んでいる様子からも、クライアントファーストを実施していることが伺える。

加えて、容器を見ただけで企業と商品が判別可能であることを要求され、ハードルが高い立体商標や、その他新しいタイプの商標の登録の取得も注力している分野だ。取得事例としてはキッコーマンのしょうゆ卓上びんが挙げられる。

「昔ながらのしょうゆ卓上びんは、キッコーマン様にとって象徴的なもの。我々としても『文化として守りたい』と思い、力を尽くしました」

消費者アンケートを取るなど多くの材料を集め、お客様と何度も戦略を練った末に立体商標権の取得に成功。同事務所の尽力により企業の、ひいては日本の文化が守られている。

そんな同事務所は、『浅村宣言』を掲げている。この宣言は、全世界の知的財産制度の発展に貢献、長年の知識や経験を活かしたサービス、そして依頼者の要望を把握し、その立場で業務を行い、満足を提供するというものだ。これを掘り下げるように、クライアントファーストも別途強く宣言した。これらの宣言の実行が、確かな信頼の獲得に繋がっている。

世界規模で活躍する浅村特許事務所の弁理士たち
業務の手腕と外部の評価　両方から依頼者の信頼を得る

国際的な業務を請け負っている同事務所。日本の依頼者から「海外で特許権や商標権を取得したい」と相談を受けた際、世界各国で信頼できる事務所や弁護士を紹介できるネットワークを保持している。海外の事務所とは信頼関係を築き、互いに現地の案件を相談し合うＷＩＮ-ＷＩＮの関係を築いてきた。

しかし、海外事務所の仕事の質が悪ければ注意をし、事務所の変更を依頼者に勧める。そうしてサービスの質を担保できるよう努めているのだ。

同事務所には世界各国から依頼人や弁理士が訪れ、日々、海外とのやり取りが求められる。そのため、所属するのは英語が堪能な所員ばかりだ。頻繁に海外とメールのやり取りをするので、特に読み書きは採用時の必須条件である。

依頼された際、初めにやり取りするのもメールだ。浅村所長が弁理士として化学の特許出願を扱っていたとき、海外の依頼者に「お前は本当にこの発明を理解しているのか」というような文面を送ってこられたことがあった。その後、その依頼者と共に、日本の特許庁へ赴き審査官と面談し技術説明を行った。その結果、複雑な発明のポイントの理解を得て、特許の取得に成功する。

「依頼者さんと顔を合わせ綿密に話しあった結果です。このように、依頼者さんと打ち解けていくのも弁理士の醍醐味だと思います」

これまで依頼者に寄り添って来た成果もあり、同事務所は様々な受賞歴を持つ。中でも高度な専門的知識と、長年の経験を元にした知的財産に纏わる業務を行っていることを表彰する世界的な賞『ＩＰ Ｓｔａｒｓ』には長年ランクインしている。

浅村所長は「依頼者さんへのインタビューや同業の他事務所に評価を聞くなど、入念な調査の末に与えられる賞です。当事務所が様々な方に評価されていると実感できました」と語る。

世界各国で信頼できる事務所や弁護士を紹介できるネットワークを保持し、信頼関係を築いている

こういった賞は受賞者にとっての栄誉であり、依頼者には相談するに足りる信頼の証と捉えられるもの。今後もその確かな技術力が評価され、それが依頼者を助けることに繋がっていくのだと思わされた。

浅村所長自ら新設した浅村法律事務所の活躍
情報が氾濫する現代に生まれる新しい事件にも十分に対応する

弁護士業は企業法務が中心。中でも知的財産権関連については訴訟外での交渉が主で、特許権、商標権の警告書のやり取りや不正競争防止法違反への対応などを行っている。訴訟では主に、特許侵害訴訟事件、審決取消訴訟事件を扱う。

Eコマースの商標侵害対策は近年急増した案件。たとえば、検索に掛かりやすくなるよう、検索キーワードやハッシュタグに他社の商標を紛れ込ませてある場合は商標侵害となるが、これを知らない出品者も多い。

「ネット上には情報が氾濫しており、モグラ叩きでもしているようなキリがない状態です。しかし商標を護らなければ、希釈化・普通名称化し、商品の価値が落ちてしまう。常にアンテナを張り、怪しいものがあれば依頼者に連絡をしています」

また、個人・企業共にSNSで気軽に発信できるようになったため、誹謗中傷、商標権侵害、著作権侵害といった問題がより身近になった。生成AIへの対応など新しい問題も日々生まれているが、同事務所にはそのような時代の変化に合わせ、機動的に仕事ができる体制がある。

「法整備が追いつかず立証が難しい案件にも取り組み、新しい時代の事件にも対応していく必要があります。

最先端の法律面にも携われる、やりがいのある仕事です」

２０１６年には知的財産価値評価サービスも立ち上げた。M&Aや事業の譲渡に際し知的財産権を売買する場合に、金額に算定。これは、ライセンス化した場合の市場規模、その何%がライセンス料となるか等の計算方法を用いて無体物である権利の価値を算出するサービスだ。浅村特許事務所の弁理士は裁判所で特許の価値を算出する評価人としても登録している。

このような業務を行うのはコンサルタント会社が多く、特許事務所が扱っているのは稀。特許事務所と弁護士事務所がワンストップ対応で知的財産について扱うのは更に貴重である。

「特許は形がないため評価が難しく、無効になれば評価がゼロになる責任の重い仕事です。数十件、数百件の特許を持つ規模の大きい案件の場合は、事務所内で手分けして特許を確認することも。その際は、初めて見るような特許にも責任を持って対応しています」

知的財産の価値を最もよく理解する弁理士が評価し、紛争になっても一気通貫で対応できる体制は依頼者にとって至極安心できるものだろう。

弁理士業界を牽引する取り組みの数々
「目に見えないものを、言葉を駆使して権利にする」ことの面白さ

弁理士は２０２４年１月に特許庁から今後の人材不足について警鐘を鳴らす資料が出されるほど人材不足が苦慮され、資格取得者の減少もあって業界全体に危機感が広がっている。そのため浅村所長は「若い人に、より弁理士業界の魅力を伝えるような仕事をしていきたい」と語った。

寄せられる依頼の約90％は国際的な案件で、約５万人の顧客は200に渡る国と地域に存在する

日本弁理士会では、キッザニアで弁理士体験会を開催したことに加え、弁理士の仕事をわかりやすく描いた漫画を出版するなど、様々な取り組みが行われている。

浅村特許事務所は、２０２１年から連続で健康経営優良法人の認定を受け、女性が働きやすい職場であることを証明する〝えるぼし認定書〟なども取得。健康経営について外部的な評価を得ることが、万全な布陣に更に優秀な人材が加わることに繋がっている。また、その成果もあって、在籍する弁理士の定着率も良好だ。

浅村特許事務所には現在１１７人が在籍。弁理士事務所としては相当規模が大きいが、「丁度良い規模」だと浅村所長は言う。

「全員の顔を認識でき、各人が取り組んでいる仕事の情報共有や伝達もやりやすい規模です。私は今、組織でやる強みを実感していますし、所属している弁理士それぞれが同じように感じてくれたら嬉しいです」

弁理士という仕事の魅力は「目に見えないものを、言葉を駆使して権利にするところ」だと浅村所長。更に「当事務所は国際的な仕事をしているので、国による制度の違いや各地の文化の異なる人々と話し合って信頼を構築してゆくことも面白いところです」と同事務所ならではの魅力についても、愛しむように語った。

時代を超え、また国境も超えて依頼者たちに愛され頼られてきた浅村特許事務所。その長い歴史は、更に永く続いていくのだと確信させられた。

PROFILE

浅村 昌弘（あさむら・まさひろ）

1996 年、千葉大学工学部機能材料工学科卒業。
1997 年、エジンバラ大学大学院環境化学修士課程修了（M. Sc.)。
1998 年、ランカスター大学大学院環境科学修士課程修了（M. Res. with distinction)。
1999 年、浅村内外特許事務所（現 浅村特許事務所）化学部門。
2007 年、早稲田大学大学院法務研究科修了。同年、最高裁判所司法研修所司法修習（新 61 期)。
2009 年、永島橋本法律事務所。
2011 年、特許業務法人浅村特許事務所　副所長。浅村法律事務所　所長。
2019 年、特許業務法人浅村特許事務所　所長　代表社員。
2022 年、弁理士法人浅村特許事務所　所長　代表社員。

■著書

2012 年 9 月「ソーシャルメディア時代の個人情報保護 Q&A」第二東京弁護士会編（日本評論社）共著。

INFORMATION

弁理士法人
浅村特許事務所・浅村法律事務所

https://www.asamura.jp/jp/

本店所在地	アクセス
〒 100-0004 東京都千代田区大手町 1-5-1 大手町ファーストスクエアウエストタワー17F TEL　03-6840-1536（代表）　FAX　03-6840-1540	東京メトロ丸の内線、千代田線、東西線、半蔵門線・都営地下鉄三田線「大手町」駅 C8・C11・C12 口直結 JR 各線「東京」駅 丸の内北口より徒歩 5 分

業務内容

【国内業務】知的財産（特許、実用新案、意匠、商標、不正競争防止法、著作権法等）に関する調査、国内出願、中間処理、登録、権利化後の維持（年金管理)、鑑定、審判、その他の手続代理。／【内外業務】知的財産に関する国内のお客様からのご依頼による、外国特許庁、法律事務所、弁理士事務所に対する諸手続の直接的・間接的な代行。／【外内業務】知的財産に関する外国のお客様、法律事務所、弁理士事務所からのご依頼による、日本国特許庁に対する諸手続の直接的・間接的な代行。／【訴訟対応他業務】浅村法律事務所に所属する知財弁護士との共同による、国内外における知財に関する侵害訴訟等への対応、水際対策等。／【知財価値評価業務】国内外のお客様が所有する日本及び外国の知的財産価値評価を主とした、知財コンサルティングサービス。

営業時間	創業 1891 年
〈月～金〉9：00～17：00　〈定休日〉土・日・祝	

浅村宣言

浅村特許事務所は、全世界の知的財産制度の発展に貢献します。

浅村特許事務所は、日本最長の歴史と伝統を有する事務所として、永年培ってきた知識や経験を生かしたサービスを行ないます。

浅村特許事務所は、お客様のご要望を的確に把握し、お客様の立場で業務を行い、お客様に最高のご満足を提供します。

弁理士法人 白浜国際特許商標事務所・乃木坂特許商標事務所

代表弁理士　白浜 秀二

当所の強みを活かしながらの質の高いサービスを、日本一敷居を低く提供していきたいというのが事務所のコンセプトです

伝統と革新を両立させた新時代の弁理士事務所

敷居を低く、中小企業や個人にも「知財」の武器を提供

発明やアイデア、デザインなどを保護する「知的財産権」。権利を得ることで使用の独占が叶い、創造への意欲やモチベーションを高め、結果、産業発展へと繋げるためにできた制度だ。

弁理士は、この「知的財産」にまつわる専門家で、今現在国内ではおよそ1万2000人が活動。生み出された商品やサービスの権利保護に日夜尽力している。

そんな中、長年の経験・ノウハウが蓄積された伝統と、業界に先駆けて新たな取り組みを行う革新を両立させたサービス提供で、多くのクライアントから選ばれる唯一無二の弁理士事務所がある。それが、弁理士法人白浜国際特許商標事務所・乃木坂特許商標事務所（東京都・港区）だ。

「当所の強みを活かしながらの質の高いサービスを、日本一敷居を低く提供していきたいというのが、我々のコンセプトです」

こう力を込めて話すのは、両事務所の代表を務める白浜秀二弁理士。プレーヤーとして数多くの案件をこなす一方、事務所の理想の在り方も模索。多忙ながらも充実した日々を送る新進気鋭の弁理士だ。

大手企業の海外出願を数多く手掛けてきた白浜国際特許事務所 2018年に叔父からバトンを受けて事務所代表に就任

1975年生まれ。現在（2024年4月）48歳の白浜代表。「弁理士として活動する叔父の姿に影響を受けた」と学生時に弁理士を志し、大学卒業後、叔父が代表を務める白浜国際特許事務所に入所。数年後に弁理士資格を取得し、本格的にキャリアをスタートさせた。

彼自身、数多くの国内外の特許、商標案件を手掛ける一方、事務所も着実に成長路線を歩んできた。大手企業の専属的立ち位置で、特に諸外国の現地での特許・商標・意匠登録の出願に強みを発揮し、実績を蓄積。海外のネットワークはアジア圏から北米・南米、欧州、豪州、さらにアフリカ諸外国にまで拡大。業界内で、「海外進出の時は白浜国際特許事務所」といわれるほどの確固たる地位を築き上げてきた。

事務所の活動は公にも評価され、2004年とその翌年には、特許庁から「特許査定率の高い特許事務所」、「記載不備が少ない事務所」、「新規性違反が少ない事務所」といった評価を獲得している。

こうして順風満帆な事務所にも、世代交代の波が訪れる。叔父が高齢となり長年務めていた代表の座を退くことに。後任として白羽の矢が立ったのが白浜代表。2018年にバトンを受けて、白浜国際特許事務所の代表に就任した。

「心機一転再スタートの意味合いで、事務所も虎ノ門から今の赤坂に移転。名称も白浜国際特許商標事務所に変更させていただきました」

敷居の低さが特徴の乃木坂特許商標事務所
「IPダイレクト」や「ラクーニー」といった独自のサービス

移転や名称変更と同タイミングで、白浜代表は新たな弁理士事務所の形を作るべく、2019年に乃木坂特許商標事務所を開設した。

設立の背景、事務所の特徴などを伺った。「日本企業の99％が中小企業であるにも関わらず、特許出願は90％以上が大企業です。大企業にも負けない優れた技術やノウハウを持っているのに、大企業ほどその権利を守るインフラが整備されていないのが中小企業の課題でした。そこで、もっと我々弁理士が中小企業に

明るく広々とした所内は相談者がリラックスできるようなこだわりの造り

とって距離の近い存在にならなければならない、気軽に相談・利用して貰えるような存在にならなければならないと強く感じました」

乃木坂特許商標事務所は、そんな白浜代表の想いを実現するために生まれた事務所である。「要は敷居の低さを突き詰めた事務所です」と、ITやAIを駆使してスマホからの問い合わせやオンラインでの面談に対応。さらに、「IPダイレクト」を軸とした知財2・0プログラム、商標登録出願代行サイト「ラクーニー」といった独自のサービスも展開する。

知財2・0プログラムとは、業界の慣習にとらわれず、知財に関する情報発信や手続き代行、管理などを総合的に提供しようというパッケージで、白浜代表と志を同じくするメンバーが独自に考案したものだ。

「その中の1つであるIPダイレクトは、一つひとつの案件の細かな進捗状況を確認できるシステムです。出願から登録までに発行された書類の写しや現状かかっている費用の確認、手続きされた内容の確認などを、パソコンやスマホから24時間いつでも、すぐに行うことができます」

「もう1つ、我々が業界に先駆けてリリースしたラクーニーは、文字通り誰でも楽に商標登録を行っていただくために作ったサイトです。電話、メール、オンラインの相談は全て無料で、出願から登録の流れも動画などで確認できるようにし、IPダイレクトの利用、出願登録費用も破格の値段設定にさせていただいています」

「たとえば何かロゴやキャラクターを作った際は、すぐにラクーニーを利用していただければ、驚くほどスムーズに出願登録手続きを踏むことができます。商標登録は原則、早い者勝ちという側面もありますので、ぜひ企業様だけでなく、個人の方も含めて多くの方々にご利用いただきたい」

「誰もが利用できるように」という想いを込めた料金設定 短期間で急成長した乃木坂特許商標事務所

前述のような乃木坂特許商標事務所での取り組みなど、弁理士へのアクセスハードルを下げることに力を注ぐ白浜代表は、「お客様の費用負担の面もできる限り、抑えさせていただきたい」とも。

「特許や商標の出願登録は、基本的には世に出す前に行わなければいけません。そうなると、モノやサービスがまだ売れていない段階ということがほとんどになります。その段階においては、たとえばスタートアップの企業様や学生ベンチャーの方々などは出願・登録にかける費用の捻出が難しいケースも少なくありません」

こうした事情にもできる限り対応しようと、白浜代表は全てのサービスを業界の相場よりもはるかに安い料金設定にしている。時には、分割払いや出世払いを受けることもあるという。「もちろん限界はありますが、企業様の夢を応援したい、苦労して生み出した権利を守ってあげたい、そういった想いで費用面は臨機応変に対応させていただいています」

こうした、全ての面においての利用ハードルを下げた取り組みを行った結果、事務所へ舞い込む出願の依頼件数は増加。今では商標を年間およそ1000件、特許はおよそ200件という膨大な量を手掛けるまでに。

「特にコロナ禍となってからは、ネットから依頼・相談ができるインフラを整えていたこともあって、乃木坂特許商標事務所への依頼が急増しました。今では白浜よりも乃木坂の方が売上も多くなり、事務所を完全に軌道に乗せることができました」

大手から中小、個人まで　手掛けてきた膨大な実績
フレンドリーな雰囲気づくりや分かりやすい説明を徹底

今、白浜国際特許商標事務所・乃木坂特許商標事務所が受け持つクライアントは2000ほど。エリアは全国。大手、中小、個人と規模も様々で、業種業界も多岐に渡る。「これまで大手企業様の海外進出に伴う諸外国への出願は、現地代理人とのネットワークを有する当所の伝統的な強みとして多く手掛けてきました。今はこうした大手企業様からの依頼に加え、地方の中小企業様の外国出願案件も増えてきています。利用頂く企業様が増えている今の状況はまさに我々の目指していたところです」

両事務所のホームページには、これまで手掛けた実績企業・団体が紹介されており、そこには誰もが知る

気軽に利用してもらえるよう敷居を低くし、ITやAIを駆使して問い合わせやオンラインでの面談に対応

大手企業の名前がずらりと並ぶ。「我々が調査出願させていただいた、発表前の商品やサービスが、CMやコンビニで世の中に認知され、多くの人が利用する。その光景を見るたび、やりがいを感じます。また、何十年と続けてきた老舗のお店の名前を守りたいということで、商標出願のご依頼をいただくケースも多いのですが、こうした仕事も1つの喜びです」と白浜代表。

「一方で、企業様のスタートアップを支援する際は、特許を取得したことで信用を得られ、VC（ベンチャーキャピタル）から多額の資金調達を受けられるといったケースもあります。資金が集まり、事業が上手くいった時はとても感謝していただける。この点も大きなやりがいですね」

そんな白浜代表が、クライアントと接する上で心掛けていることは、やはり「敷居の低さ」を感じてもらうこと。「士業の事務所、特に弁理士事務所はまだまだ『こんなことで相談に行ってもいいのかな……』、『高額な費用がかかるんじゃないか……』といったようなことで、相談を躊躇されている方も多いのが現状です。そこを少しでも解消すべく、実際の相談においても、威圧的にならず、フレンドリーな雰囲気をつくり、簡単な説明でご理解いただけるような対応をスタッフ一同で徹底しています」

「来所の方々にリラックスしていただければ」とつくられた新オフィス「規模が大きくなってもプレーヤーでいることにこだわりたい」

「敷居を低く」の取り組みは、所内にもあらわれている。2022年12月に、コロナ禍で分割されていたオフィスが1つに集約。赤坂見附駅から10分程歩いた所にある真新しいオフィスは、エントランスや相談室全てが広々としており、所内全体が白を基調とした明るい雰囲気。観葉植物も各所に配置されるなど、良い意味で士業の事務所らしくない空間となっている。「相談に来られた方に少しでもリラックスしていただければ」と白浜代表のこだわりが詰まっている。

長い年月をかけ継がれてきた優れた伝統に、令和時代の新風が吹き込まれて今に至る白浜国際特許商標事務所・乃木坂特許商標事務所。そんな、業界内で過去に類を見ないような事務所で働くスタッフは現在15名。白浜代表が信頼を寄せる優秀なスタッフばかりだが、現状は人材が不足しているという。「依頼の件数も多く、海外も含め色々な業務経験を積むことが出来るやりがいのある職場だと思っています。若い弁理士の先生に、是非当所へ参画いただきたいです」と呼びかける。

白浜代表が引き継ぎ、事務所の代表となって7年目。改めて今後に向けての展望を伺った。「今後も両事

威圧的にならず、相談しやすいフレンドリーな雰囲気を作るよう徹底しています

務所の強みを活かしながら歩んで行くというスタンスは変わりません。とにかく全国の方々に当所のサービスを気軽に利用していただきたいという風に思っていますので、その一環として、関西など他に拠点をつくることも考えています」

「私自身に関しては、引退するまでプレーヤーでいることにこだわりたい。事務所規模が大きくなると、代表の立場の人間はどうしても経営的な部分の仕事が大きなウェイトを占めていきます。しかし、私は弁理士としての仕事が大好きなので、いつまでも現場で活躍できる士業家でいたいですね」

弁理士のプロフェッショナルとして日々舞い込む案件をこなす一方、業界の慣習にとらわれない斬新な発想やアイデアを形にし、新たな事務所像を作り上げる活動にも余念がない白浜代表。「青山・六本木のスタートアップ企業や学生ベンチャーを応援するような、地域に密着した活動も力を入れて行っていく予定です」とアイデアは尽きない。

これからこの弁理士事務所はどのような形で世の中に貢献していくのか。今後も白浜代表の動きに目が離せない。

PROFILE

白浜 秀二（しらはま・しゅうじ）

1975 年、千葉県に生まれる。
1999 年、明治大学法学部法律学科 卒業。
1999 年、白浜国際特許事務所 入所。
2004 年、弁理士資格 取得。
2009 年、東京理科大学工学部第二部電気工学科 卒業。
2018 年、白浜国際特許業務法人（現弁理士法人 白浜国際特許商標事務所）代表弁理士 就任。
2019 年、乃木坂特許商標事務所 開設。

【実績】
数多くの国内外の特許、商標案件を担当。日本弁理士会の特許、意匠及び商標等に関する複数の委員会委員を歴任。特許庁まとめ審査の経験あり。

INFORMATION

弁理士法人 白浜国際特許商標事務所
乃木坂特許商標事務所

https://www.shirahama-ippc.com/
https://www.nogizaka-ip.com/

所在地

・弁理士法人 白浜国際特許商標事務所
〒 107-0052
東京都港区赤坂 4-9-17　赤坂第一ビル 9F
TEL　03-6277-8471　FAX　03-6277-8472

・乃木坂特許商標事務所
〒 107-0052
東京都港区赤坂 4-9-17　赤坂第一ビル 9F
TEL　0120-53-1069　FAX　03-6277-8472

業務内容

内外国における特許、商標等の知的財産権に関する出願、審判、訴訟、契約、その他の不正競争、著作権等の周辺業務

アクセス

東京メトロ銀座線、丸の内線「赤坂見附」駅より徒歩約 10 分

設立

・弁理士法人 白浜国際特許商標事務所　1965 年
・乃木坂特許商標事務所　2019 年

電話受付時間

〈月～金〉 9:00～18:00
〈定休日〉 土・日・祝

事務所ポリシー

日本一敷居の低い特許事務所
徹底したお客様第一主義
専門家としての自信と誇りを持つ
常に進歩し続けるよう努力する

司法書士法人　穂

代表　山中 健太郎

法律家の仕事として社会の幸せの
総量を増やし、優しい社会をつくりたい

「傾聴力と想像力はやさしさの第一歩」というビジョン

依頼人の立場を考える思いやりの心を重視

債務整理を得意とする司法書士法人 穂(ほのか)は、山中代表が2016年に独立・開業した個人事務所がルーツだ。事業所名となっている「穂」は、「実るほど頭を垂れる稲穂かな」という言葉を基にしており、謙虚さや初心を忘れないようにとの想いを込めている。

女性スタッフを揃えた女性専用の債務整理の相談窓口を開設するなど、顧客目線のサービスの提供を重視している。また不動産事業や債務整理を組み合わせた新しい事業展開も計画中だ。事務所の目指すべき姿として「感謝し感謝される事務所を作る」ことを第1に掲げるが、新事業はその方針を地で行く取り組みと言えるだろう。「法律家はサービス業」だと語る山中代表のこだわりが反映されている。

依頼者はもちろんのこと、スタッフも満足し喜び合える仕事ができる事務所を目指している山中代表。それには「思いやり、優しさ」が重要だと考えている。「共に考え、共に悩み、共に行動し、共に喜ぶ」「傾聴力と想像力はやさしさの第一歩」というビジョンを掲げているのも、こうした理由からだ。

法律家として、他人に寄り添いサポートする人生を送りたい
事前に紛争を防ぐ〝予防法務型〟の司法書士に魅力を感じる

山中代表が法律家を目指そうと本格的に考え始めたのは高校生の頃。当時、生徒会長と応援部に所属するという二足のわらじを履いていた。いずれも学校と生徒、更には各種部活動をサポートする裏方の仕事だったが、その役割に魅力を感じた。

高校卒業に際して課される卒業論文のテーマは〝心〟。後の「法律家には思いやり、優しさが必要」だという価値観に繋がる主題である。「この頃から将来は法律家として、他人に寄り添い陰ながらサポートする

人生を送りたいと考え始めました。先生方の勧めもあり、法学部を目指すことにしました。現在の私のルーツは高校時代にあると思います」

１９９６年、早稲田大学の法学部に進学。当初は弁護士や裁判官も視野に入れ、日々の勉強に勤しんでいた。転機は、外国の法律家事情を大学の教授から教えてもらったこと。司法書士という存在を知るきっかけとなった。「欧州には、紛争をあらかじめ予防する〝予防法務型〟と、〝紛争解決型〟の２つのタイプがあることを初めて知りました。自分には事前に紛争を防ぐ予防法務型の方が向いていると感じました。日本でその予防法務型に該当するものを調べたところ、それが司法書士だったのです」

歩むべき目標を明確に司法書士と定めた山中代表。２０１１年には試験に合格し、予防法務型の法律家としての人生がスタートした。

修業時代に得られた人との縁が大きな後押しに
稲穂のようにまっすぐに成長し、自他ともに実りのある人生となるよう心掛ける

その後、２０１６年に個人事務所を立ち上げるまでの5年間、東京や埼玉などのいくつかの司法書士事務所で実務経験を積む。その間、多くの依頼者や同業の司法書士はもちろんのこと、弁護士・税理士・社労士といったいわゆる士業の方々とも出会うことができた。独立して事務所を構えようと決断したのも、こうした様々な人との出会いがあったからだという。「色々な方からの後押しやアドバイスなどがあり、『よし自分も独立しよう』と思い至るようになりました」

こぢんまりとした小さなビルの一室に個人事務所を構え新たなスタートを切った山中代表だが、ご多分に

漏れず最初のうちは仕事がなく苦労の日々だったという。「ほかの事務所の仕事を手伝わせてもらったりして、何とか報酬を得ていました。かなり苦労しましたが、ここでも人様とのご縁に助けられましたね」

高校生、大学生と周囲の人との交流やアドバイスにたびたび助けられてきた山中代表。司法書士としての道を歩み始めた後も、出会った人々との縁が手助けしてくれたようだ。

事務所の目指すべき姿として「感謝し感謝される事務所を作る」ことを掲げている

立ち上げ当初から商業登記をメインに業務を展開、現在の主力になっている債務整理の業務も徐々に増えていった。そんな折、仕事を通じて知り合った不動産会社の社長から声を掛けられる。「新しいジャンルの司法書士業務に挑戦してみないか」というまたとない提案だった。

事務所には経験を積んだメンバーもおり、「自身の知識を組み合わせれば今までなかった仕事ができるのではないか？」と思い立つ。

こうして２０１７年12月、司法書士法人かなめ総合法務事務所という名で法人化し再スタートを切った。当時は、主に詐欺や闇金融などの消費者問題に取り組んだ。

ちなみに「かなめ＝要」という名称は、扇の要にヒントを得ている。自分達のあるべき姿を表わす上で最適の文字だったようだ。「司法書士は脇役であるべきと考えています。扇全体が主人公の依頼人とすれば、それを陰で支える

傾聴力と想像力、思いやりの精神を持って
日々依頼者に向き合っている

のが要の私たちという発想です」

　そして２０２１年６月、「司法書士法人　穂」に改称。現在に至っている。「実るほど頭を垂れる稲穂かな」ということわざから採った文字である。「稲穂のようにまっすぐに成長し、自他ともに実りのある人生にするよう心掛けること。謙虚に初心を忘れることなく、常に学び続けて真摯に業務と向き合っていきたいという想いを込めました」

「穂」も然り、前身の事務所である「要」もそうだが、事務所名の言葉に込められている意味合いには実に深いものがある。陰で依頼人を支える司法書士という、脇役に徹する強い想いが表われていると言えるだろう。

体験を基に考案したサービス、「女性の借金お助け隊」依頼者の立場になって考える姿勢が成果を生む

　現在の事務所は、総勢65名の大所帯に成長。債務整理が業務の中心になっている。「債務整理という業務はマンパワーやチームワークを必要とするので、どうしても組織が大きくなっていく」と山中代表は説明するが、それだけの人員を維持していくには、それ相応の依頼がなければ会社が成り立たない。着実に顧客から信頼が得られている証左ではないだろうか。

債務整理は基本的に個人が顧客で、いわゆるＢｔｏＣの業務である。そのほか同じくＢｔｏＣ業務である各種相続手続きや、ＢｔｏＢ業務が主体の不動産登記、商業登記などにも力を入れている。しかしやはり件数で言えば、債務整理がメインだ。

債務整理の中でも特徴的なサービスが、「女性の借金お助け隊」。これは女性専用の債務整理の相談窓口である。山中代表が修業時代、債務整理の無料相談会で地方に1週間ほど滞在した際の経験がきっかけになっている。「それまでは借金に悩む人は男性が多いというイメージを持っていたのですが、その会場では何とおよそ9割が女性の方でした。人にも言えず借金に悩んでいる女性がこんなに多いのかと痛感した出来事です」

女性の債務者の場合、特有の特殊な事情があるのだという。クレジットカードのリボ払いが知らないうちに溜まってしまったケースや、若い女性がエステサロンでローンを組んでしまったケースなどである。なかなか男性スタッフには話しづらい内容のため、女性スタッフを配置し、専用の相談窓口を開設するに至った。

このような取り組みを行う山中代表が常日頃心掛けているのは、依頼者の話をよく聴くこと。加えて、その話を基に「何に困っているのか？　解決策は何か？」など依頼人の立場を想像することだ。「傾聴力と想像力はやさしさの第一歩」という事務所のビジョンの体現である。

そして、こうした依頼者の立場になって考える姿勢から生まれた取り組みが、前述の「女性の借金お助け隊」だろう。法律家はサービス業と考える山中代表ならではの発想、サービスだ。

やりがいは、「依頼人に『ありがとう』と感謝されること」
聴く力で得た信頼感、難しい売買契約を成立させる

主に個人顧客の債務整理が業務の中心。女性専用の相談窓口「女性の借金お助け隊」も

司法書士のやりがいは、「依頼人に『ありがとう』と感謝されること」だと話す山中代表。傾聴力と想像力、思いやりの精神を持ち合わせているからこそ、実現できることなのだろう。また、これは司法書士として過去に約2万3000人、相談も含めると12万人弱と話してきた豊富な経験から得た結果でもある。スタッフにも「しっかりと依頼者の話を聴きなさい」と指導している。

山中代表にとって印象に残っている案件も、やはり傾聴力と想像力、思いやりの精神が大いに発揮されたエピソードばかりだ。障がいを抱えた人から受けた初めての依頼がその1つ。耳が聞こえない障がい者で、やり取りは全て筆談。当然、健常者の場合より時間も多くかかったが、結果的に解決に導くことができた。「事務所としても初めての試みだったので印象深く覚えています。丁寧に筆談で会話することで相談者から笑顔が生まれ安心に繋がったようです」

また債務整理では、返済費用のねん出が難しい人を手掛けたケース。短期間での解決が困難だったため、約1年かけて何とか解決にこぎ着けた。完済できるまで事務所がサポートするが、仕事や体調などが影響し、最後まで支払い切れるかというリスクも付いて回るのも確かだ。「残念ながら依頼者の方に裏切られたこともあります。悲しい思いもしましたが、感謝されることの方が多いのでやりがいはあります」

不動産登記で印象に残っているケースもある。これは不動産売買の立会業務で関わった話だ。売り主が高齢の女性で買い手の不動産業者の高圧的な態度に腹を立て、「土地は売らない」とへそを曲げてしまった。問題の本質は「お金ではなく感情、気持ちにある」と想像した山中代表はその売り主の女性の元へ行き、「自分が間に入って代行するから」と信頼を得ようと試みた。すると相手の立場と同じ目線で話をする山中代表に心を開いてくれた売り主は、「あなたのことを信用するから、この案件を進めてください」と売買を了承してくれたのだという。まさしく、「傾聴力と想像力、思いやりの精神」が大いに発揮されたエピソードだ。

バランス感覚を保ち色々なベクトルから俯瞰して物事を考える「ワンストップのリーガルサービスが目指すべきもの」

山中代表の座右の銘は3つ。いずれも「論語」からの引用だ。

1つ目は『中庸』は徳の至れるもの也」。中庸とは偏りのないこと。バランス感覚を保ち色々なベクトルから俯瞰して物事を考える。あらゆる徳の中で最も大事だと孔子が説いている教えだ。

2つ目は「知者は惑わず、仁者は憂えず、勇者は懼(おそ)れず」。「中庸の考え方を実践するにはどうすればいいかを言い表している言葉」だと山中代表は解釈している。

3つ目は、「知（洞察力）、仁（思い遣り）、勇（決断力）」は天下の達徳である」。これは「傾聴力と想像力、思いやりの精神」のことである。山中代表の行動指針にはこれら座右の銘が礎になっている。

今後の新しい取り組みには、相続の分野の強化を掲げる。２０２４年４月から、相続登記の申請が義務化されたため、そのサポートを強化しようと考えている。

これから本格的に始めようとしている不動産事業も重点分野だ。不動産の売却益を返済に充てるなどして、不動産売買を円滑に行うだけではなく、同時に債務整理も解決しようという試み。司法書士の能力を多面的に活かすことができる。

「ワンストップのリーガルサービスが目指すべきもの」だと語る山中代表。複数の関連した課題を包括的に解決するという業務のあり方だ。不動産事業などはその典型だろう。「法律事務所や法務事務所は敷居が高いと思われがちですが、そのようなことはありません。風邪を引いたら街医者にかかるのと同じ気軽さで相談していただきたいと思います」

夢は「青臭いことを言うと笑われるかもしれませんが、優しい社会をつくること」だと語る山中代表。「社会の幸せの総量を増やすのが法律家の仕事だ」と考え取り組む、その誠実な仕事ぶりに偽りはなさそうだ。まだまだ新しい事務所がこれからどういった成長を遂げていくのか、興味が尽きない。

PROFILE

山中 健太郎（やまなか・けんたろう）

1978年東京都生まれ。2000年早稲田大学法学部を卒業。

2010年に行政書士試験、2011年に司法書士試験に合格。その後5年間、東京や埼玉の司法書士事務所に勤務。

2016年12月、個人事務所を開設。

2017年、前身の司法書士法人である、かなめ総合法務事務所を開設。

2021年6月、現在の司法書士法人穂を開設。

2023年に宅地建物取引士試験に合格。

総合的・統括的リーガルサービスを提供すべく、日々研鑽に励んでいる。


【資格】

認定司法書士、行政書士、宅地建物取引士。

INFORMATION

司法書士法人　穂

https://honoka.or.jp/

所在地

〒170-0013
東京都豊島区東池袋4-5-2　ライズアリーナビル6F
TEL　03-6891-0575（代表）
　　　0120-990-140（フリーダイヤル）
FAX　03-6745-1215

業務内容

債務整理、不動産登記、商業登記、相続、遺言

アクセス

東京メトロ有楽町線「東池袋」駅6・7番出口直結
JR他各線「池袋」駅東口より徒歩8分

営業時間

〈月～金〉9：00～18：00
〈定休日〉土・日・祝

設立2017年

理念

法と知識を駆使し、やさしい社会を創造する

司法書士 いちはら法務事務所

代表　亀井 慶仁

AIではなくて、〝生身〟の司法書士が向き合った意味があると思ってもらえれば最高ですね

依頼者の心に寄り添う、「相続」に特化した司法書士事務所

地域で一番選んでいただける事務所を目指して

司法書士 いちはら法務事務所の亀井慶仁氏は、佐久間義明氏と共に代表を務めている。同事務所は、司法書士2人体制で運営されている。地方都市で複数の司法書士が在籍している点、「相続」に特化している点が強みである。

相続では、残された遺産を巡り親族で意見が合っていないなど、繊細な問題が背景にある場合もある。身近な誰かが亡くなったばかりで、依頼者の気持ちが落ち着いていないことも多々ある。そうした心配事を抱えて事務所を訪れる人たちの気持ちに寄り添い、家路に着く時には安心してもらうという心のケアにも気を配っている。手続き面でのアドバイスやサポートは当然だが、依頼者の心情をくみ取るよう心掛けていることが亀井代表の信条なのだ。

「司法書士 いちはら法務事務所」はその名の通り千葉県市原市という地方都市に事務所を構えている。地域密着型の事務所として、「折角、生まれた土地で司法書士の看板を掲げているのだから、地域の人たちに貢献したい」という考えだ。昨今ではコロナ禍の影響もあり、オンラインによる遠方からの依頼も増えている。

司法書士の道へ、その魅力に目覚める「街の法律家」として相続相談の道へ

亀井代表が司法書士を目指したきっかけは、大学時代に資格試験予備校で司法書士志望者向けの講座があると知ったことだった。法学部の講義で登記という言葉は頻繁に耳にしていたが、それを実際に担う資格者、「街の法律家」という言葉に関心が湧いたという。これが契機となり、よき指導者にも恵まれ、徐々に

その魅力に引き寄せられていくことになる。

司法書士登録した２０１６年から、千葉市内の司法書士事務所で働き始める。それから現在のいちはら法務事務所での開業まで、およそ7年間、司法書士としての経験を積んでいる。

分野を「相続」中心としたのは、前事務所に在籍し2〜3年目のことだった。「これからどういう司法書士を目指すのか」を代表と話し合う機会があった。「これから求められるのは、悩みの相談に対応できる司法書士だ」と考え、たまたま人員が不足していたこともあり、相続分野に取り組むことになった。

２０２２年4月1日、いちはら法務事務所の共同代表として独立開業する。この日、独立した司法書士としての道がスタートした。

佐久間代表は「相続による不動産の名義変更登記」を中心に業務を行っている。亀井代表は相続に関わる手続き全般を広く取り扱っている。その他、不動産売買や、渉外登記にも関わっている。相続分野がメインのため、依頼者はほぼ一般人が占める。

独立当初は、「出身地での開業とはいえ、この地で実績のない自分に依頼が来るのか」という不安があったという。しかし徐々に相談の件数は増え、2年が経過した現在では、継続的に相談を受けるようになった。

できるだけ丁寧に話を聞いてアドバイスする
要望に応えて、解決へ向け粘り強くサポートする

相続の相談に来るタイミングで最も多いのは、「現に相続が発生している段階」であるという亀井代表。

その一方で、遺産を持つ本人が自身の財産をどう引き継がせるか、いわゆる「生前贈与」の件で相談に来るケースもあるようだ。

面談では、亡くなった人に関する諸手続きを説明することに限らず、その人物の背景や人間関係に始まり、相続人の孫の存在なども詳細に聞き取る。法律上は結婚と認められない内縁の配偶者や同性パートナーがいる場合もあり、できるだけ細かく話を聞いてアドバイスするよう心掛けている。

地域密着型の事務所として亀井代表の地元である市原市に貢献している

また、相続人同士が疎遠な場合や、手続きのさなか新たな相続人が登場する場合もある。「すべての案件で事前に協議が調っているわけではありません。たとえば、依頼者が何とか解決したいと考えていて、初めて接触する相手とも粘り強く話し合って遺産分割協議の成立を目指している場合、こちらもその実現に向けてできる限りのサポートをします」

今年（2024年）4月から相続登記の申請が義務化されたこともあり、相談件数は徐々に増えているという。「今後はこの法整備により、何かの事情で放置されてきた相続にとりかかる相続人の方も増えるのではないでしょうか。複雑な相続であればこそ、専門家のサポートの意味があると考えています」

遺言書は「可能であれば、すぐに作った方がいい」残された遺族の負担軽減やトラブルの回避にも

相続に関してよく話題にもなり、また揉めごとの主たる原因にもなる遺言書の有無。その作成のタイミングはいつがベストなのだろう。亀井代表は「可能であれば、すぐに作った方がいい」と助言する。「よく耳にするのは、『まだそのタイミングではない』と言って遺言書を作らないケースです。しかし、急病で倒れた場合や認知症になった場合にタイミングを逃し作れなくなってしまうことがあります」

自分の財産の処遇について、思考が働くうちに遺言書を作成しておくことが、のちのちのリスク回避に繋がるのだ。

「どうしようかと考え、悩んでいるとしたら、まず専門家に相談して作成に取り掛かることをお薦めします。悩んでいるうちに自分の身に何かが起こっては遅いからです。一度作った内容を後で書き換えることもできますから。極端に言えば、今日作った遺言書を明日書き換えることも可能です」

なぜ早いうちに遺言書を作るよう薦めるのか。それは、遺言書には、親族間でのトラブルを未然に防ぐ効果があるからだ。

「遺言書を作成しておけば、自分の意思に従った遺産の分配が行われるだけでなく、相続人の方々の負担も軽減されます。相続人一人ひとりに遺産分割の意向を聞いて回る手間が省けますし、また、そもそも遺言書は亡くなった本人の意思によって作成されたものですから、トラブルの回避に繋がることもあります。もし遺言書を書いていたら、相続人の負担が大幅に軽減できたはずなのに……と残念に思った経験もあります」

亀井代表は「遺言書が当たり前の社会になって欲しい」と願っている。「自分には必要ない」と考えてい

る人でも、思わぬところで必要になる場合があるためだ。「自分だけが相続人だと思っていたが、いざ蓋を開けてみるとほかにも相続人がいた」というケースは珍しくない。

「遺言書を書いておくべきと思われる状況で書いておかずに、相続人の負担が増大したケースが少なくありません。最も多いのが、お子さんがおられないご夫婦の場合です」

どちらかが亡くなった時に、相手だけが自分の相続人になると思い込み、遺言書を作っていなかったというケースが非常に多いという。実際には相続人がほかにもいて、遺産分割をしなければならなくなってしまう。

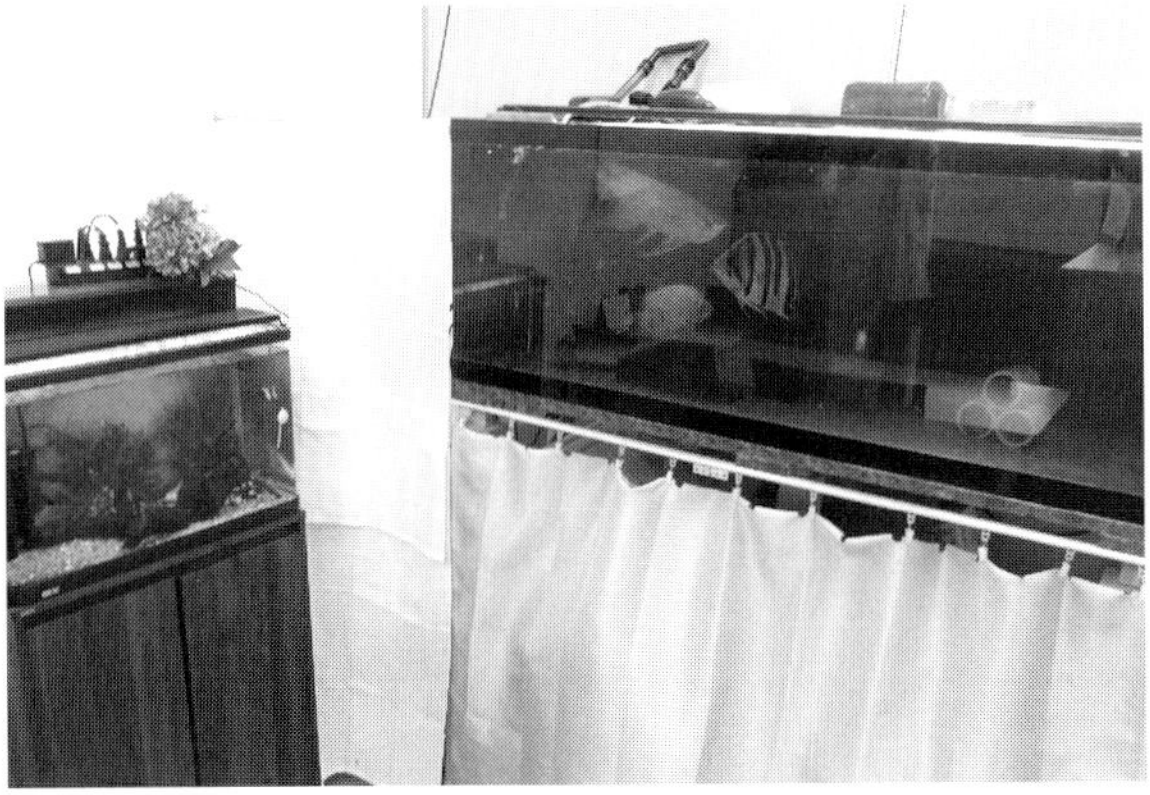

事務所には熱帯魚が泳ぐ大きな水槽があり、落ち着いて話ができるような雰囲気づくりを重視

「遺言書があったら、そもそも遺産分割をしないで、配偶者が自分のすべての遺産を受け取れていたのに……と思ったことが何度もあります。また、同性のパートナーがおられる方も作成をお薦めします。現在の法律では、同性同士の婚姻は認められていませんのです。つまり、互いに配偶者の立場をもてませんので、相続の枠組みから外れてしまうのです。その結果、一緒に築いた遺産を受け取れなくなってしまいます」

実際に遺言書を作成する際は、家族構成の聞き取りや資料集め、どのような内容を残すのか考えることから始まる。「依頼者に『これこそが作りたかった私の遺言だ』と思っていただけるかどうかという点に最も気を付けています。サポートする側として先走ってはならず、本当に希望が実現できているかどうかが大切です」という亀井代表。

「納得のいく内容にするには、当事者の背景を詳しく聞いたり、作成することによって相続がどうなるかを説明したりして、事細かく依頼者の希望通りの遺言書になっているかどうかを確認する必要があります」

遺言書の作成をサポートした依頼者が亡くなり、その後遺族が相談に訪れたときの体験も強く印象に残っている。

「ご遺族と話している際、『ああ、本当に亡くなってしまったのだな』としんみりとした心持ちになりました。遺言書の存在に感謝していただけて、記憶に残る相談でした」

仕事の醍醐味は感謝され喜んでもらえること 自分が関わった意義――悩みの解消と安心が〝付加価値〟に

司法書士の醍醐味は、やはり依頼者に感謝され喜んでもらえること。時には、相談のさなか故人への思いや相続の大変さに涙を浮かべる人も少なくないという。遺産を持った人が亡くなった際の、相続人間で行われる遺産分割協議は、精神的に大きな負担がかかる。「どうしたらいいか分からない」と相談に訪れる人も多く、そんな苦しみや不安を抱えていた人々が、帰る頃にはスッキリした表情になっているのを見ると、少しでも負担を軽減できたことに専門家としての存在意義を感じるという。

普段の業務で心掛けていることは、依頼者が心置きなく話せる環境を整えること。

「司法書士も〝士〟という言葉が付いているので、ドキドキしながら事務所を訪れる方も少なくありません。依頼者さんからお話を聞かせていただくという気持ちで対応するよう気をつけています。大切なご家族を亡くされているので、少しでも心を開いてもらえるような面談の雰囲気づくりも大切です。単に手続きの説明をしたり、遺産について聞き取ったりするだけでなく、依頼者さんと故人との関わり方や、ご親族の関係性なども含めゆっくりと全体についてお話を伺います。機械的で作業のような面談にならぬよう心がけています」

依頼者の希望によって、ほかの士業家に事務所に来てもらい一緒に話を聞くこともある。また、亀井代表が依頼者と一緒に出向いて相談を行うこともある。

「他士業の先生をご紹介するだけではなく、私が同席・同行することで安心してご相談してもらえればと思っています」

「相談者に寄り添う」姿勢が亀井代表のモットーでもある。「相続や遺言書など、心配なことや分からないことがあったら、何でも話してほしいと思います。特に、人間関係が複雑で精神的な負担も大きくなるような事例については、できるだけ依頼者さんの悩みを軽くできるようにしたいと考えています。『相談を受ける過程で悩みが小さくなり安心が得られる』、それを〝付加価値〟として提供することが理想です」

少しでも「ほっとした」と感じてもらいたい AIでなく、〝生身〟の司法書士と向き合った意味がある

今後は、「数ある事務所の中から選ばれる事務所になりたい」と抱負を語る。また、落ち着いて話ができる、話していて安心できることも重視する価値観だ。「『あそこの事務所は安心できる雰囲気だよね』と思っていただける事務所づくりをしていきたいですね」

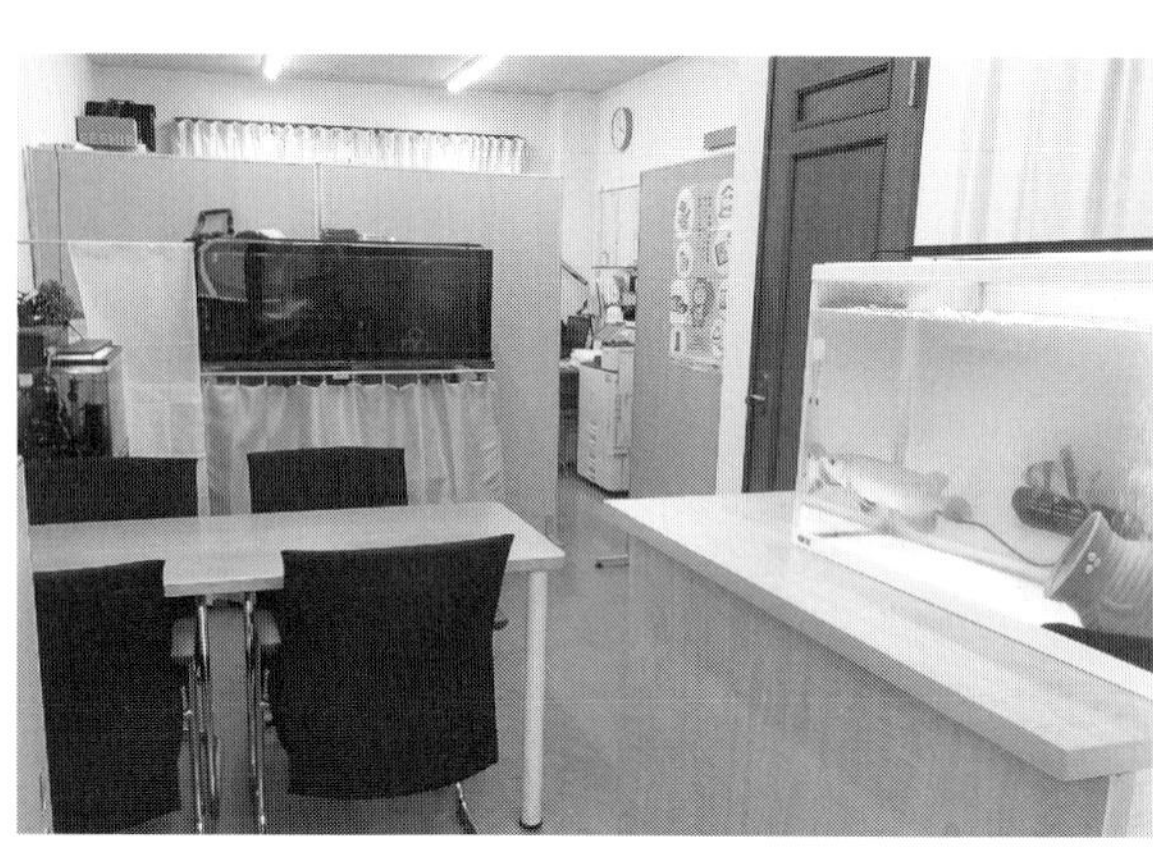
親族間でのトラブルを未然に防ぐため、思考が働くうちに遺言書を作成しておくことを勧めている

また、依頼を受けて業務を行うだけでなく、市民相談会に相談員として参加したり、高校生を対象とした消費者教育活動を積極的に行ったりしている。地元市原市の住民に様々な形で貢献したいと考えている。

亀井代表の座右の銘は、「義を見てせざるは勇なきなり」。「論語」における孔子の言葉で、「人間としてやるべきことなのにやらないのは勇気がないからだ」という意味である。「司法書士1人で対応できる範囲には限界があります。他士業や行政と協力することで少しでも『ほっとした』と感じてもらえたら嬉しいです」

事務所には熱帯魚が泳ぐ大きな水槽が置いてある。亀井代表の趣味でもあるが、来所する依頼者の癒しにもなっているようだ。関心を持つ人もいて、会話のきっかけにもなっている。血の通った人間同士、膝を突き合わせてじっくり話を聞くには格好の環境である。

「AIではなくて、〝生身〟の司法書士が向き合った意味があると思ってもらえれば最高ですね」

リアルな会話を大切にすることは、現代ではアナログ人間と言われるかもしれない。しかしそうした心の温かみを感じる応対が亀井代表の持ち味の1つでもある。依頼者の気持ちに寄り添い、悩みを軽減する真摯な姿勢が、大きな魅力になっている。

PROFILE

亀井 慶仁（かめい・よしひと）

千葉県出身。北海道大学法学部を卒業。
2016 年に司法書士登録。千葉市の司法書士法人に約 6 年半勤務。
2022 年 4 月、独立開業し、司法書士 いちはら法務事務所の共同代表に就任。

INFORMATION

司法書士 いちはら法務事務所

https://ichihara-souzoku.com/

所在地

〒 290-0062
千葉県市原市八幡 2382 番地 61
TEL　0436-63-6211
FAX　0436-63-6212

業務内容

相続、相続放棄、遺言書作成支援、生前贈与、成年後見申立、抵当権抹消、不動産登記一般

アクセス

JR 内房線「八幡宿」駅より徒歩 5 分

営業時間

〈月～金〉10：00～17：00
〈休業日〉土・日・祝

設立 2016 年

理念・特長・挨拶など

相続のお悩みを二人三脚で解消します。
じっくりお話をお聞かせください。

バウンダリ行政書士法人

代表行政書士　佐々木 慎太郎

ドローンが自動車と同じように
社会で当たり前の存在となるまで、
精力的に活動していきます

行政書士の
新たなビジネスモデルを構築

ドローンの全容を把握するスペシャリスト

無人航空機であるドローン。近年急速に普及が進み、農業・物流からスポーツ・エンターテインメントなど、幅広い業種・業界で運用されている。

様々なシーンにおいて新たなソリューションを生み出し続けるドローンは、市場的にまだまだ発展途上であり、今後の成長が見込まれるなど、無限の可能性を秘めている。

「現在は自動車が当たり前のように道路を走っていますが、元は交通ルールもおろそかで、運転操作も手探りの状態でした。ドローンも同様に、現段階ではルールや操作が成熟しきっているとはいえませんが、いずれ自動車と同じように、きっちりとした法整備のもと、身近で当たり前の存在になっていくものと確信しています」と力説するのは、バウンダリ行政書士法人代表の佐々木慎太郎氏。日本のドローン産業の黎明期からドローンの許認可申請業務に携わり、ドローンを運用するためのノウハウや法務の知見は国内屈指、まさにドローンのスペシャリストといえる人物だ。

偶然だった行政書士資格との出会い
法改正をきっかけにドローン業務へシフト

2023年度にバウンダリ行政書士法人が手掛けたドローンの許認可担当案件は1万件以上、ドローンスクールの開設・運営サポート件数は全国でNo.1を誇る。また佐々木代表は、ドローンの飛行許可・維持管理のバイブル本の出版、国土交通省航空局、無人航空機の事業化実現に向けたアドバイザリーボードメンバーでの活動など個人としての活動も精力的に行なっており今やドローン業界の発展・成長に多大な貢献を果たす存在だ。

ドローン飛行の許可申請や登録代行、事業や運用に関するビジネス支援、国家資格スクール等に関わるサポートまで手掛けている

そんな佐々木代表が、そもそもドローン業界に注目したのはなぜか、そして行政書士として活動するに至った経緯をたどってみる。

「中学ではサッカー、高校は勉強・ゲームに明け暮れる学生でした。大学は学生生活に価値を見出せずに退学。その後は無職・ニートの時代に突入しました」

貯金を切り崩しながら、悶々とした日々を過ごしていた佐々木代表に転機が訪れたのは、生活費を稼ぐために始めた新聞配達のアルバイトの最中にふと行政書士資格のチラシが目に留まったことだった。

「すぐに、行政書士になって独立するという未来を思い描きました」

半年間の猛勉強で資格を取得。ただちに独立し、2015年1月に出身の宮城県で佐々木慎太郎行政書士事務所を開業した。

佐々木代表は「開業したはいいものの、お金もコネも経験もなかったので、仕事はほぼなく、しばらく開店休業状態でした」と当時を振り返る。

好機に恵まれたのは同年12月に施行されたドローンの法改正だった。「これをきっかけに、ドローン使用に際して、国への許可申請が義務付けられました。大きなビジネスチャンスだと思い、ドローン業務を専門に行う事務所としてやっていこうと決意しました」

右肩上がりの成長を遂げ、法人化を実現
スタッフのモチベーションを引き出す職場環境づくりに注力

その後はドローン業界の探究と共に、人脈づくりに奔走。仕事が徐々に舞い込むようになり業容は拡大した。産業用ドローンの普及が進むなどドローン市場拡大の時流に乗り、同事務所も成長期に。

ドローンを専門にして以降は順調な歩みを見せ、２０１７年には一般社団法人宮城ドローン研究会を発足。２０１９年にはＢＯＵＮＤＡＲＹ ＧＲＯＵＰ合同会社を設立し、２０２０年に法人化して現在のバウンダリ行政書士法人に至る。２０２１年には東京事務所を開設。

「バウンダリ（ｂｏｕｎｄａｒｙ）という言葉は、境界・限界・限度といった意味の英語です。ドローンの歴史はまだまだ浅く、それだけに、ドローンに関わる事業を行う企業様の飛躍の可能性というのは無限大です。そのサポートを我々が担いたい、我々も限界突破のサービスを提供したいという思いから、法人名をバウンダリと名づけました」と由来を語る。

こうした業容の拡大に伴い、スタッフも年々増加し、現在は20名を超えるまでの大所帯になった。スタッフたちに対して佐々木代表は、「会社だけでなく個人の成長促進や働くモチベーションを引き出す職場環境づくりを常に考え実践しています」という。給与アップの条件など、評価制度をこと細かにまとめた〝バウ

ンダリ行政書士法人攻略マニュアル〟の作成や、月1回のランチ会、スタッフの家族も招いてのパーティー、自身の著書やセミナー動画の配布、賞与・有給・各種社会保険など、手厚い社内制度を導入している。

登録・申請だけではない〝行政書士の枠を超えた〟サービス 最新情報の提供や人材教育のための顧問契約も実施

バウンダリ行政書士法人が手掛ける業務は大きく4つに分かれる。主幹となるドローン飛行に必要な許申請の代行をはじめ、ドローンの機体登録代行、ドローンの事業や運用に関するビジネス支援、そして国家資格スクール等の開設・運営・監査に関わるスクールサポートだ。

「申請や登録代行はもちろんですが、たとえばドローンオペレーターの育成やドローンビジネスを進める上でのコンサルティング、アウトソーシングの場合のドローン事業者のご紹介、ドローンスクールに関わるご相談など、行政書士が行う業務の枠を超えたサービス提供が我々の強みだと考えています」

また行政書士では珍しく、定期的に情報発信やサービスを提供する顧問契約を結ぶケースも少なくないという。「長く継続的なサポートを望まれる依頼者様も多くいらっしゃいます。定期的なお付き合いをさせていただくことで、最新情報をすぐに提供できます。各種申請を我々専門家が代行するのではなく、依頼者様で完結できるよう申請のノウハウを伝授させていただく場合もあります」

数年前からバウンダリ行政書士法人にはドローンに関わる相談がひっきりなしに舞い込んでくるというが、これだけニーズがあるのはなぜか。

「目まぐるしく変わるドローンの新制度や法令改正に追いつけない事業者様も少なくありません。しかし、我々ドローンに精通する行政書士が面倒な法務をサポートすることで、依頼者様は企業としての信頼性を維持しながら、ビジネスを円滑に進めていただくことが可能となります。これらの点がご依頼に繋がっているのでしょう」

外部監査や特殊な飛行許可申請など豊富な実績
「ドローンに関わる疑問やお悩みを、気軽に相談いただきたい」

事務所設立以来、手掛けてきた仕事は膨大な数に上るが、中でも代表的ないくつかの事例を佐々木代表に伺った。

「登録講習機関として認定されているドローンスクール企業様から、その企業様にとって初めてとなる外部監査のご依頼をいただきました。結果次第で経営に大きく関わるような重要業務を、〃ドローン業界トップクラスの実績〃や〃行政書士では唯一の国土交通省認定の登録講習機関等監査実施団体〃といった部分を評価していただき、我々にご依頼いただいたことがとても嬉しく、自信になりました」

監査は無事に終了。依頼者からは、『監査へのプレッシャーはあった。しかし、事前の監査対策サポートを手厚く受けることができたので、プレッシャーから解放された状態で、監査当日を迎えることができた』という喜びの声も。

こうした登録講習機関の外部監査は、これまでに１００スクール以上を手掛け、この数は全国でもトップの実績を誇っている。

「他の事例としては、ドローンの空撮や子ども向けドローンスクール、ドローンレースを手掛ける企業様から、特殊な飛行許可申請のご依頼をいただいたケースでしょうか。当時、ドローンによる花火の撮影を請け負われていましたが、撮影には、〝高度150m以上の飛行〟、〝夜間での飛行〟、〝目視外での飛行〟が必要で、これらを行うには全て通常の飛行申請とは別の申請をしなければならず、そこを我々が代行させていただきました」

「申請が無事に終わり、依頼者様からは、『複雑で難度の高い申請を代行していただき、本来の仕事に集中できました』と喜んでいただけました」

事例のように、ドローンを飛ばすための申請は、条件次第で複雑・多岐に渡ることも多い。その中で佐々木代表は、「少しでも本業に集中していただくためにも、ドローン飛行許可申請に関する疑問や質問はすぐに我々にご相談いただきたい。そのために、初回の相談は無料にしています」と提唱する。

今後の拡大・成長が見込まれるドローン市場
書籍執筆やセミナー、YouTubeなど多様な媒体で情報発信

佐々木代表がドローン業務を専門に始め、同時に産業用ドローンが本格的に普及し始めたのが2016年。以降はともに拡大路線を歩み、今年2024年で8年目を迎えている。「ドローン市場は、2028年には現在の2倍以上に拡大するという試算も出ているなど、業界は明るい未来が広がっています」と語る。

「少子高齢化の影響により、今後労働人口が減っていくことは間違いありません。その解決策として、国は自動運転、農業AIの活用などと並べてドローンの活用を提言しています。既に行われていますが、たとえ

ば高層ビルの外壁調査など、危険な場所での点検・調査をドローンが代わりに行えば、コストがかからず早く終わって危険もない。ローリスクハイリターンです。こういった活用法が今後色んなシーンで広がっていくでしょう」

こうした需要拡大と同時並行で進んでいくのが法規制の整備。「トラブルなく、ドローンが社会の色々なシーンで有効活用されるためには細かな法整備が非常に重要です。ドローンの法整備、社会浸透が進む今はまさに100年に1度の産業革命の時期といっても過言ではありません。我々行政書士業界にとっては腕の見せ所であり、大きなビジネスチャンスの時代であるともいえます」

親しみやすいオリジナルキャラクター「バウン太くん」をつくり、顧客とのコミュニケーションをはじめブランディング、販促・PR 活動など、競合他社との差別化をはかっている

長年ドローン業務一筋で行政書士として活動し、行政書士の新たなビジネスモデルを形作ってきた佐々木代表。登録・申請手続きに精通しているのはもちろん、ドローンの豊富な機体知識や操縦技術にも長け、一等無人航空機操縦士というドローン操縦の最上位の国家資格も保持する。

ドローンの全てを知る彼は、現在業務の傍ら、各方面から依頼を受け、ドローンに関わる書籍の執筆・監修や行政書士向けのドローン実務セミナーの講師を務める。さらに

笑顔で話しやすい雰囲気を作り、依頼者の話をしっかり聞くことを大切にしている

YouTubeにて、〝ドローン教育チャンネル〟というコンテンツも開設。ドローン業界を盛り上げるべく、幅広い媒体から情報発信・啓蒙活動を行っている。

「ドローンは我々行政書士、そして企業様にとって大きなビジネスチャンスですし、社会課題を解決できる魅力的なツールです。これからも、ドローンが自動車と同じように社会で当たり前の存在となるまで、精力的に活動していきます」

ドローン専門行政書士のパイオニアは、ドローン事業者を後押ししながら、業界を牽引すべく今後も奮闘し続ける。

PROFILE

佐々木 慎太郎（ささき・しんたろう）

1989年生まれ、宮城県仙台市出身。2015年、佐々木慎太郎行政書士事務所開業。2019年、BOUNDARY GROUP合同会社設立、代表社員就任。2団体のドローンスクール運営。2020年、バウンダリ行政書士法人に組織変更。代表社員就任。2021年、東京オフィス開設。2023年、登録講習機関及び登録講習機関等監査実施団体の運営開始、全日本無人航空機協会株式会社設立。代表取締役就任。

ドローンに関する許認可申請、許認可管理、法務顧問を専門とするバウンダリ行政書士法人（東京・仙台）の代表。飛行許可申請をはじめ登録講習機関の開設やスクール運営、事業コンサルティングなど支援の幅を広げ日本屈指のサポート実績を誇る。2023年の年間ドローン許認可案件は10,000件以上、登録講習機関（国家資格対応ドローンスクール）のサポート数は100社を突破。ドローン安全飛行の啓蒙活動として、YouTube「ドローン教育チャンネル」を開設するなどSNSで最新の法律ルールを積極的に発信している。

INFORMATION

バウンダリ行政書士法人

https://boundary.or.jp/

所在地

・仙台オフィス
〒980-0802
仙台市青葉区二日町6-26 VIP仙台二日町2F
TEL 022-226-7402　FAX 022-226-7403
・東京オフィス
〒100-0006
東京都千代田区有楽町1-6-3 日比谷頴川（エイセン）ビル9F
TEL 03-6550-8240　FAX 022-226-7403

業務内容

ドローン各種許認可申請業務、ドローン機体の登録代行業務、ドローンビジネス支援業務、ドローンスクールの設立・運営に関わるサポート業務

アクセス

・仙台オフィス
仙台市営南北線「勾当台公園」駅より徒歩約4分
・東京オフィス
JR各線、東京メトロ有楽町線「有楽町」駅より徒歩すぐ

創業 2015年

営業時間

〈月～金〉9：00～18：00
〈定休日〉土・日・祝

特徴

私は行政書士として建設業などの根幹産業と関わる中でドローンと出会い、ドローン（無人航空機）が許可承認制になった2015年12月10日の改正航空法施行日から、個人や法人の運用サポートを始めました。2023年には10,000件以上のドローン許認可業務を担うまでに成長し、近年では事業者のニーズに合わせて顧問コンサルティングや人材教育、ドローンスクール（登録講習機関）の開設・運営・監査まで、幅広くドローンビジネスを支援しています。

レベル4飛行実現に向けて、2022年12月5日にドローンの国家資格制度（無人航空機操縦者技能証明）や機体認証制度など、さまざまな申請制度が新設されました。しかしながら、事業者には新制度の正しい理解や活用が充分に浸透していない現状があります。

わたしたちが法務のプロフェッショナルとして、複雑な法律や制度をわかりやすくお伝えすることで、安心・安全なドローン運航の共通認識を形成し、自動車運転のようにドローンの操縦が当たり前になる世の中を目指しています。ドローン業界のさらなる発展のために、ともに頑張りましょう！

ORCAグループ

代表　**倉敷 昭久**

自分たちの利益追求ばかりを優先させるのではなく、地域が何を求めているのかを考えて行動しなくてはなりません

相続相談日本一のグループが目指す「百年士業」

地域と人に必要とされる組織作りのため幅広く業務に着手

日本で最も有名な海岸砂丘である鳥取砂丘や、全国1位の水揚げ量を誇る松葉ガニ、二十世紀梨といった特産品。鳥取県は自然豊かな土壌に裏打ちされた海・山の幸や美しい景観で溢れている。そんな鳥取県の米子市に本社を構えるのがＯＲＣＡグループだ。

行政書士業務を担う行政書士法人ＯＲＣＡは「相続専門行政書士事務所」を掲げるだけあり、相続関連の相談件数は日本一を誇る。

全国に15支店と36の活動拠点を持っており、相続にまつわる様々な相談が日々絶え間なく寄せられる。同グループ代表の倉敷昭久氏は、行政書士事務所のサポートも兼ねて多様な事業に挑戦し、地域に必要とされるような組織を目指している。グループ全体をまとめているのは倉敷代表が掲げた「百年士業」という理念だ。全職員の心を1つにするこの理念には、倉敷代表のどのような想いが込められているのだろうか。

友人の勧めで行政書士としての道を選ぶ
相続に特化した有数の行政書士法人へ成長

倉敷代表は旅行代理店や学習塾経営という多彩な経歴の持ち主だが、元々行政書士を志していたわけではなかったという。

「仕事の1つとして家庭教師をしていた頃、生徒のやる気を引き出すために教師である私も試験を受けることにしました。そこで、今まであまり触れて来なかった分野である行政書士試験に挑戦しました」

結果、国家試験には見事合格したもののその後すぐには行政書士の仕事には就かず、引き続き教育関連の事業に携わっていた。

ある日友人の勧めで鳥取県行政書士会の理事と会った際、事業としての可能性を感じて行政書士登録をすることを決意。

そして2003年には前身である「行政書士倉敷昭久事務所」を開業。2010年に商号を「行政書士法人倉敷昭久事務所」として法人化し、西宮市に第1号となる支店を設置した。

冠婚葬祭業に従事していた頃に葬儀にも携わっていたこともあり、開業以来現在に至るまで、葬儀と関連性が深くその経験の活きる相続を専門とした行政書士法人として活躍している。

2022年に「行政書士法人ORCA」に名称変更し、関連組織を統合して組織名称を「ORCAグループ」と名付けた。それ以降も全国各地から相談が寄せられ、年間総相談件数は1万件を超えた。その内、年間相続受任件数は6000件以上にも上り、「相続のことならORCAグループ」という認識が周囲にも広がっていることが伺える。

「私たちの業務には行政書士の資格が必要ですから、必ずしも私の親族が当グループを承継していくとは限りません。そのため事務所の名称、そしてグループ名を『ORCA』に変更しました」

ORCAはシャチを意味する言葉。海の王者とも言われるシャチをグループ名に冠するのは、相続分野において他の追随を許さず、日本一の相続案件数を誇る同事務所・同グループにふさわしい。

現在、倉敷代表は組織をまとめるリーダーとしてマネジメントや新規クライアント、提携先の開拓に注力している。

「提携先を増やすべく、これまではあまり接点の無かった方々との繋がりを構築・強化するために日本全国を回っています」

また、行政書士資格を有さないスタッフを含めた全職員305人（2023年12月現在）に対し、1対1の面談「ワンオンワンミーティング」を1年掛けて実施。人材育成を通じた組織の育成にも奮闘している。

運営体制を工夫し全国の支店で高品質のサービスを提供 様々な事業を展開し依頼者のニーズを幅広く充足

ＯＲＣＡグループ内において行政書士業務を担う行政書士法人ＯＲＣＡは、全国各地に15もの支店があるにも関わらず、どの支店でも高品質な法的サービスの提供が可能だ。

「各支店には行政書士を配置し、いただいたご依頼に関する業務は米子市の業務本部にて一括で行います。こうすることで提供するサービスの質を均一に保つことができるのです。また、当社ではこの体制をよりスムーズに推進させるためのシステムを独自開発し、運用しています」

支店の違いに関わらずサービスの質を保つ工夫を凝らすと共に、相談料金についても独自のこだわりを見せる。

行政書士法人 ORCA を始めとし様々な事業を展開する ORCA グループを牽引

「行政書士事務所では『初回相談無料』という謳い文句を掲げているものの、初回以降は出張や相談に応じて料金が発生してしまう、といったパターンが多々あります。当事務所でも無料相談は初回のみとさせていただいておりますが、1度受任した案件につきましてはどれほど出張やご相談をいただいても基本料金以外の費用を追加でいただくことはありません」

このように、依頼者が心置きなく相談できる体制を整えているのも、同事務所ならではの魅力だ。

行政書士法人ＯＲＣＡは同グループが展開する様々な事業によって支援・補完されている。たとえば、業務提携窓口として設立された「一般社団法人ライフサポート協会」。この法人を窓口として、のと共栄信用金庫などを始めとする信用金庫や地域銀行と業務提携を行い、煩雑化しやすい相続手続きをワンストップで支援する体制を構築した。「行政書士法人だけでは実現出来ないようなサービスの提供が、金融機関と提携することで可能になりました」と倉敷代表は語る。潜在的な依頼者を見つけ出す意欲的な取り組みだ。

同グループ内で信託業務を担う「株式会社グライフ信託」では、商事信託（営利目的の会社による財産管理）によって資金の管理サポートを行う。

鳥取県産の食材で好評を博している
「わんことにゃんこのおいち」

「たとえば、ご家族を亡くされておひとりになられたご遺族の方が、体力や判断能力の低下などにより、財産を自身で管理出来なくなっても、自身の生活に支障の無いように、その資金をしっかり保全し、必要な場合には支払いに充てられるようにしておきたいというニーズも多くなりました。これに即応できるように信託ライセンスを取得しました」

中国・四国地方において信託会社は同社のみ。九州・沖縄地方を入れても合計2社しかなく、非常に貴重な存在だ。

このように行政書士業務の枠を超えた事業を展開することで、様々な悩みへの対応を可能にするのがＯＲＣＡグループの強みである。

「百年士業」達成のために今できることは何か「0→1プロジェクト」の推進で行政書士の枠組みを超え活躍

行政書士法人の枠組みを超え、様々な取り組みに着手していく同グループの推進力は、モットーでもある「百年士業」という言葉に込められている。

「百年士業、つまり士業を100年継続させるには、地域から求められる存在になる必要があります。そのためには自分たちの利益追求ばかりを優先させるのではなく、地域が何を求めているのかを考えて行動しなくてはなりません」

そこで同グループでは、社員総出で「0→1（ゼロイチ）プロジェクト」に取り組んでいる。

「全社員で新規事業を考案し、実際に取り組んでいくというプロジェクトです。行政書士関連業務に限らず、幅広く事業に取り組みます」

たとえば倉敷専務を中心にORCAグループの総務を担当する株式会社SAKURAが考案した、ペットのおやつを製造・販売する「わんことにゃんこのおいち」も0→1プロジェクトの1つだ。

「鳥取県産の食材を用いておやつを製造しているので、地元のアピールにも繋がります。米子市市長にこの事業について話す機会があった際も『ぜひ積極的に進めてほしい』とのお声をいただきました」

こういった地域活性化にも繋がる活動の傍ら、社会貢献活動にも尽力している。北海道盲導犬協会、そして同協会が設立した老犬ホームへの支援を募るため、本社・各支店に「ミーナの募金箱」を設置。他にも米子市内にあるこども食堂へのクリスマスケーキのプレゼントや、ひまわり基金（貧困家庭への支援基金）への募金、社内に設置してある自動販売機を通じた鳥取県臓器・アイバンクへの寄付と、その活動内容は多種多様だ。

しかし、倉敷代表はこれらの活動に対し「私たちは当グループの知名度ではなく、困っている人々の役に立てるような活動の知名度を上げるために貢献活動を行っております。一人ひとりの力は微々たるものかもしれませんが、大勢が集まり行動することで大きな力になるはずです」と語った。地域のみならず、より良い社会の実現へ向けて積極的にアクションを起こすことが百年士業への近道なのだ。

時間を超えて故人の意志を伝える遺言書
明確な付言が争族の芽を摘み取ることに繋がる

行政書士法人ORCAの設立に至るまで、様々なケースを経験してきた倉敷代表。これまでに担当してきた依頼の中でも、書家だった夫を亡くした妻からの依頼が特に印象深いケースだったという。

「遺品の巻物に依頼者さんと夫の馴れ初めや想い出の数々が書き記されていました。夫から妻へ宛てられた、最後のラブレターです」

依頼者が涙ながらに読み進めていくと、最後に「財産は全て愛する妻に相続させる」という一文が。これはただのラブレターではなく、遺言書でもあったと倉敷代表は気付いた。

「遺産は遺言書に沿って相続されます。ただし、ご夫婦の間には長男と二男がいらっしゃいました。この2人は遺留分（遺言書の内容に関わらず最低限の遺産を相続できる権利）を請求することが出来るのです」

最近の兄弟仲はあまり良好ではない上に、晩年には夫と長男の衝突もあったため、遺言書通りの相続が可能なのかと依頼者は心配していた。

「私はこの遺言書に込められた夫の想いは必ず息子さんたちにも伝わると思ったのです。ですから、息子さんたちのご意向はこの遺言書を読んでもらってから確認すべきだと依頼者さんにお伝えしました」

実際にその通りにすると、息子たちからも「父の意向に沿いたい」との声があり、無事に相続手続きを終えることが出来た。

「この遺言書が争族（相続に関する親族間の争い）に発展しなかったのは、夫が『どのような想いから相続を決めたのか』を付言（遺言書内における遺言者の意思表示）として記述されていたから」だと倉敷代表は分析する。

「このケースのように、遺言者の強い想いが遺族へ大きな影響を及ぼすことも少なくありません。相続において重要な役割を持つ遺言書のお悩みがあれば、ぜひとも当事務所までご相談にお越しいただきたいです。行政書士という専門業として、ホスピタリティの高い対応で依頼者さんの意志を大切にしながらサービスを提供して参ります」

不測の事態に対応できる強固な基盤作りのために『機に臨み変に応ずる』行動が組織存続のヒント

多様な事業を運営するＯＲＣＡグループの今後について、倉敷代表は「更に強い組織にしたい」と高い向上心を見せる。

「当グループが目指している『百年士業』の達成にあたり、災害や法改正といった想定外の事態は避けては通れません。だからこそ、それらに耐えうる基盤を作っていきたいのです。0↓1プロジェクトも、社員た

「機に臨み変に応ずる」対応で日々寄せられる相談を解決していく

ちに臨機応変な対応力を身に着けてもらうために始めました」

倉敷代表が臨機応変さを重要視している理由は、三国志に登場する軍師、龐統士元（ほうとうしげん）が残した言葉『機に臨み変に応ずる』を行動指針としているからだ。

「私はいつも『今の状況において最も的確な答えは何か』を考え、実践してきました。うまくいかなかったこともありましたが、それも糧にして進んできたのです」

この言葉のように如何なる状況でも冷静さを欠くことなく、機転の利く対応で長年相続問題に向き合ってきたからこそ、ＯＲＣＡグループもここまでの成長を遂げたのだろう。

そんな相続のエキスパートである倉敷代表は、行政書士への依頼について「元気なうちにご相談にお越しいただくのが最良」だと述べた。

「『終活』という単語が頭に浮かんだ時が相談のタイミングとしてベストだと考えています。頭も体も元気なうちが、1番自分の将来を冷静に考えられるからです。当グループではそんな依頼者さんの人生の集大成とも言うべき遺産を、依頼者さんにとって1番望ましい形で後世に引き継いでいけるようにサポートして参ります」

相続で頭を悩ませる依頼者と地域社会に必要とされる組織を目指し、ＯＲＣＡグループは今日もあくなき研鑽と成長を重ねていく。

PROFILE

倉敷 昭久（くらしき・あきひさ）

1959年生まれ、鳥取県米子市出身。
2003年、行政書士試験 合格。
同年、米子市に行政書士倉敷昭久事務所 開設。
2010年、行政書士法人化。

【所属・活動】
NPO法人開業塾（専務理事）、米子ロータリークラブ、米子法人会。

INFORMATION

ORCAグループ

https://orcagroup.jp/

所在地
本社
〒683-0004
鳥取県米子市上福原235-9
TEL　0859-38-5155
FAX　0859-38-5158

業務内容
相続・遺言業務、成年後見業務、家系図・家族年表作成、各種許認可申請

アクセス
JR山陰本線「東山公園」駅より徒歩17分

営業時間
〈月～日・祝〉10：00～18：00
〈定休日〉GW・お盆・年末年始

グループ概要
・行政書士法人ORCA
・弁護士法人ORCA
・一般社団法人ORCA.Procedure
・一般社団法人ライフサポート協会
・株式会社グライフ信託
・株式会社ORCA
・株式会社ORCA.ICT
・株式会社SAKURA
・株式会社S&C Correlation

設立 2003年

理念
百年士業を成すことが我々の志です。

行政書士法人アーバン

代表社員　佐藤 友哉

『業務を任せてもらっている』という
気持ちを忘れずにご依頼に取り組んでいます

「一生懸命」が紡ぐ縁と付加価値が
シンプルな業務に温度を添える

愛知県を軸に全国ネットワークを持つ実力派若手行政書士

名古屋市営地下鉄東山線「本陣」駅から徒歩5分。大きな通りを少し抜けた閑静な住宅街に「行政書士法人アーバン」はある。入り口の扉を開けるとぬくもりのある玄関、そして整理整頓された来客用のデスクが依頼者を出迎える。

代表である佐藤友哉行政書士の第一印象は「穏やかで優しい先生」。しかし話を聞く内に、朗らかな人柄の奥にある芯の強さや、依頼者に真摯に向き合うことを第一とする、業務に対する誠実な姿勢が見えてきた。

行政書士を志したきっかけ
自動車販売店に勤める父からインスピレーションを得て

佐藤代表が行政書士を志したのは大学生の頃。父が自動車販売店で経理業務に携わっていた影響で、自動車販売業界に携わりたいと考え、在学中に自動車販売の手続きを担うことが出来る行政書士の資格を取得した。

在学中、幸いにも行政書士と縁があり、自動車登録関連業務についてより詳しく教わることに。現場に帯同しながら実践的に業務を身に着けていった。

「卒業後に『自動車登録関連業務をメインにした行政書士事務所を開所したい』と思い、起業するに至ったのです」

行政書士の多くは事務所に所属し実践経験を積んでいくが、佐藤代表の場合は2008年に開所し、身1つで即時現場に飛び込んだ。

その後は自動車販売店に毎日通い、自ら営業活動を行った。ホームページを用いて集客を行う競合他社も多く見られたが、佐藤代表は自分の足で仕事を獲得することを徹底。飛び込みで高級車のディーラーを訪れた際には「大学を卒業したばかりの人に大切なお客様の車を任せる訳にはいかない」ときっぱり断られた苦い経験もあった。

それでも諦めることなく、来る日も来る日も様々な販売店に足を運び続け、営業担当者と毎日顔を合わせた。そして世間話をしていくうちに、人柄など分かってもらえ、ついには「今日はたまたま仕事があるからお願いしたい」と対応を任せてもらえるまでになった。佐藤代表の堅実な営業活動が遂に実を結んだのだ。

着実に書類手続きを処理し安心感を与える付加価値は「スピード感」と「相手に寄り添った対応」

手堅い営業活動を続けていく中、佐藤代表はある販売店の営業担当者がこぼした行政書士への不満を耳にする。

「当時、愛知県内の自動車販売店において大きなシェアを誇る行政書士法人があったのですが、担当の行政書士に対し『書類は提出してくれるが態度が横柄』『急ぎの書類を依頼すると断られる』等、『人としての在り方』の部分で不満を抱かれているのが判りました。そこから当法人の付加価値に通ずるヒントを見出したのです」

車庫証明や自動車登録といった業務は、目的に到達するまでの手段、即ち手続きが明確だ。だからこそ同法人ならではの付加価値を突き詰めることが、競合他社との差別化に繋がってくる。

そこで佐藤代表は自らの足で現場に通い続けた経験を活かし、営業担当者とのコミュニケーションを通じて「依頼者が求めていることは何か」を機敏に察知。それを業務に反映させることで満足度の高い対応を実現している。

また、自動車販売業界では手続きを素早く処理することが求められる。依頼者が法人であれば「商用車をすぐに準備したい」といった要望や、「どうにか書類を揃えて3日後には車に乗れるようにしたい」といった要望も珍しくない。このような急を要する依頼に応えられる機動力も同法人の大きな強みだ。

「どれ程早く車が工場から届いたとしても、登録手続きが完了しなければ納車出来ません。購入者様と販売店、両者の『無事に手続きが完了するかどうか』という不安を払拭するのが行政書士の役割です。業務を最短時間で処理し、両者に安心感を与えられるように従業員一同で取り組んでおります」

「一生懸命」が織りなした縁
愛知県を軸に全国で依頼者の期待に応えられる体制を目指して

開所以来、愛知県でのシェア率向上のために活躍していた佐藤代表。その機動力と対応力の高さが認められ、2022年には東京に事務所を開所する。東京事務所を開くきっかけもまた、自動車メーカーの登録部門の責任者との「縁」だった。

「名古屋エリアの業務を任せていただき、当法人の対応を見ていただいたことで『東京でもうちの仕事を手伝ってくれないか』とお声掛けいただきました。初めは冗談かとも思いましたが、『うちのオフィスに間借りしてでも来てほしい』と提案されたこともあり、これは本気だと分かったのです」

着実に営業活動を重ね、今では全国から依頼が舞い込む

東京にも数多くの行政書士法人があるにも関わらず、名古屋での縁がある佐藤代表に引き続き依頼したいと熱烈なラブコールが送られたのだ。

こうした縁に導かれて東京進出を決意した佐藤代表は、声を掛けられてから2カ月後には物件を契約し、さらにその翌月には東京事務所を開くというスピード開所を果たした。

佐藤代表は東京のみならず、全国各地でのスムーズな手続きを可能とする基盤作りにも余念がない。

「自動車は全国どこでも購入できますが、手続きはそうはいきません。たとえ依頼者様が名古屋市外でもすぐに車に乗っていただけるように、全国行政書士ネットワークを構築しました」

全国47都道府県において、自動車登録業務のエキスパートである行政書士たちと連携。エリアによっては同じ県内を10人ほどの行政書士でサポート、すぐに動ける体制を整えている。

さらに、「手続きの流れを互いに把握している行政書士同士が連携を取るため、手続きを依頼するに当たっても齟齬が生まれにくいのです」と佐藤代表はネットワークの万全さを示した。

また、ナンバープレートに取り付ける「封印」は指定を受けた販売店や行政書士のみ行うことができる。時には行政書士が居ないエリアからの依頼が舞い込むこともあり、佐藤代表自ら現地に駆け付け対応することも。

「行政書士が少ないエリアだったため、鹿児島県から船を乗り継ぎ種子島まで手続きに伺ったこともあります。先日は福島県まで出張封印（ナンバープレートの取り付け）に行ってきました」と笑顔で語る。

法人経営を行いながら全国を巡るそのスケジュールは多忙を極めるに違いない。しかし当の本人は「長距離の出張はハードな面もありますが、その一方で地方巡りは楽しいですし、やりがいも感じます。そのため依頼された業務は基本的に断りません。専門外の依頼であれば他の先生を紹介するなどして、なるべくワンストップで対応できるように心掛けています」と頼もしさを滲ませた。

モットーは「親切に対応する」
実務経験が豊富だからこそいつも感謝の気持ちを大切に

仕事を任されていることに対する感謝の気持ちはどの職業にも共通するものである。それは士業においても同様だ。佐藤代表も感謝の気持ちを常に持ちながら業務に臨んでいる。

「行政書士の業務の中にも『出来ること』と『出来ないこと』が存在します。その棲み分けは大切にしつつ

依頼者の要望を察知しきめ細やかなサービスを提供することが強み

も、『業務を任せてもらっている』という気持ちを忘れずにご依頼に取り組んでいます。感謝の気持ちを忘れておごりが生じてしまうと、いつしか依頼者様への態度にも現れてしまいますから」

人は経験を重ね自信が付き始めると、横柄になったり自分にとって不都合な仕事を断ったりしてしまうことがある。しかし、佐藤代表はそれではいけないと繰り返す。

「依頼者様一人ひとりに対して真摯に向き合うことが、やがて次の仕事に繋がるという風に、こちらに返って来ることもあります。だからこそ、いただいたご依頼には一生懸命にお応えするようにしています」

かつて「大学卒業したての人には任せられない」と厳しい声を掛けられたこともあった佐藤代表。しかし、努力を重ね続けたことで、東京事務所の開所、愛知県行政書士会において研修や後輩の指導、さらには日本行政書士会連合会内の専門委員会への所属など大きな活躍を見せるまでに至った。このような佐藤代表の経歴からも「一生懸命に取り組む」ことの大切さが分かる。

また、人と人との関わりを大切にする佐藤代表は、自身の経験を元に販売店での振る舞いについて丁寧にレクチャーを行っている。「販売店の方は営業のプロフェッショナルです。こちらの些細な言動や行動から意思を汲み取っていただくこともあります。だからこそ、私たちも失礼のないようにプロフェッショナルとして対応したい」と、現場で培ってきた経験は今も従業員たちに脈々と受け継がれている。

なお、業務外では従業員に対して昼食や酒の席に誘うなどカジュアルな付き合いを好む。「もちろん業務外であるため強制はしていませんが、それでも新年会や歓迎会を開催するとほとんどの従業員が集まってくれるのは嬉しいですね」と顔をほころばせる。業務内外に関わらず仲間同士の信頼関係が厚いからこそ、依頼者に寄り添うきめ細やかな対応が可能なのだ。

支店展開は「ご縁があってこそできるもの」実務と経営の両方に携わり人のために尽くす

現在、同法人の従業員数は50人。自動車登録業務を主とする行政書士法人としては大所帯である。最近はそんな佐藤代表の評判を耳にした全国各地の行政書士が、相談のために佐藤代表の元へ訪れることもあるという。先日も、事務所経営者である年長の行政書士が四国からはるばる相談に訪れた。

「当事務所へ見学に来られ、経営についての悩みや依頼者様と従業員の間で板挟みである立場の辛さ、業界ならではの慣習への身の置き方といったご相談を受けました。意見を交わし合うことで、業務の効率化といった面でのヒントを互いに得ることができました」

このように決して楽ではない自動車業界を生き抜く佐藤代表に、今後の展望を伺った。

スタッフ一同で依頼者に安心感を与えられるような
対応を心掛けている

「支店展開はご縁があってこそ出来るものだと考えています。そのため、名古屋市での事業シェア率の向上を目標としつつ、経営と実務の両方に携わっていきたい」

実務経験の豊富さに加え、温かな人柄と真摯かつスピーディーに業務に向き合う姿勢。さらに同業務を扱う行政書士仲間との切磋琢磨も欠かさない向上心こそが、従業員や同業者の仲間たち、そして依頼者からの信頼の源なのだと実感させられた。

PROFILE

佐藤 友哉（さとう・ともや）

1985 年生まれ、愛知県名古屋市出身。
2008 年 1 月、行政書士試験 合格。
2008 年 3 月、南山大学法学部法律学科 卒業。
2008 年 4 月、行政書士アーバン法務事務所 開所。
2017 年 9 月、行政書士法人アーバン設立。
2021 年 7 月、愛知県行政書士会 運輸交通部 次長就任。
2023 年 7 月、日本行政書士会連合会 OSS 対策特別委員会 専門委員就任。
【所属・活動】
日本行政書士会連合会、愛知県行政書士会、行政書士実務セミナー専門分野選択編 自動車業務担当（共著、中央経済社）、関連会社 一般社団法人リース自動車登録支援協会 代表理事（本店 東京都中央区日本橋 2-1-3 アーバンネット日本橋二丁目ビル 10F）、代表団体 全国行政書士法人会 理事。

INFORMATION

行政書士法人アーバン

https://urban-office.or.jp/

所在地

・本社
〒 453-0052
名古屋市中村区森末町 1-27-3
TEL　052-461-5875　FAX　052-461-9066

・名古屋登録事務所
〒 454-0838
名古屋市中川区太平通 7-3 1F

・東京事務所
〒 135-0063
東京都江東区有明 3-7-11 有明パークビル 20F

業務内容

自動車登録関連業務（車庫証明申請、自動車登録、自動車税減免申請、希望ナンバー取得、各種証明書取得）、貨物自動車運送事業許可申請業務、自家用自動車有償貸渡許可申請業務、各種許認可業務

業務時間

〈月～金〉9：00～18：00
〈日・祝〉15：00～21：00
〈定休日〉土

設立 2008 年

アクセス

・本社：名古屋市営地下鉄東山線「本陣」駅 4 番出口より徒歩 5 分
・名古屋登録事務所：愛知運輸支局より 徒歩 1 分
・東京事務所：東京臨海高速鉄道りんかい線「国際展示場」駅より徒歩 2 分

代表者挨拶

私たちは、お客様から選ばれ続ける行政書士事務所として、多くのお客様に満足いただけるよう努力を重ね、『アーバンに任せてよかった』『アーバンに任せておけば安心』と言っていただけるような事務所であり続けたいと思っております。

社会保険労務士法人ローム

代表　牧野 剛

高い付加価値を生み出せる会社にすれば
新規の顧客獲得にも繋がります

マニュアル化と習慣化が
高収益体質の会社を作る

優秀な人材を揃えたチーム力が強みの個性派集団

社会保険労務士法人ロームは静岡県浜松市を拠点とする開業33年の事務所だ。全国の主要都市に9つの事務所を構え、スタッフ数は90人弱に上る、静岡では最大、全国でも10番目に大きな社労士事務所である。

長年の経験から考案したマニュアルと少人数のチームによる業務体制が特長で、スピード感や安定したサービスの提供を実現しており、それが同業他社との差別化にも繋がっている。実績は豊富で、これまでに請け負った会社数は2000社を超えている。

顧客だけではなく、会社の収益が増え、またスタッフも働きやすい組織にするにはどうすれば良いかを追究し、優秀な人材に支えられた高収益体制の企業体を構築するに至った。会社の収益性を高める成果を挙げたそのノウハウを、顧客に提供するコンサルタント業務も始めている。一般的な社労士事務所とは一線を画した個性派集団と言えるだろう。

大学、社会人時代の経験が社労士の道を歩む契機に「より良いものをより安く売る」路線で事務所を運営

牧野代表が社労士を目指すきっかけを得たのは大学生の頃。静岡大学の人文学部に在籍していた折、社会政策を専攻していたため、労働関係を多く学んでいたことが発端だった。そこで後の社労士としての仕事にも役立つ、労働に関連する法律にも触れることになる。

1984年、大学卒業後は生活協同組合コープしずおかに入社。そこでは労働組合の活動に携わる。組合の団体交渉なども経験するうち、「会社の活性化や社員の働きがい、生きがいに繋がるよう何とか貢献できないか」と考えるようになっていった。その先にあったのが、社労士という選択肢。

静岡最大の社労士事務所。全国主要都市に９つの事務所を構え、オンラインも活用

１９８９年、難関と言われていた社労士の試験に合格し、資格を取得する。通常なら３０００時間の勉強が必要とされる中、２００時間程度で結果を出した。大学在学中から関連分野を勉強しており、就職後も常に労働者のことを考える立場にいた経験が、下地になっていたのだろう。

１９９１年に現在の法人の前身になる社労士事務所を開業。士業家としての人生が本格スタートした。ご多分に漏れず、最初の１年間はほとんど顧客がおらず、苦労した時期だったという。当時は「給料計算や社会保険、雇用保険に入りたいので、その事務作業を代行してほしい」というニーズが多かった。牧野代表の苦手な分野だったが、先輩にも教えを乞うて努力した結果、仕事量も次第に増えていった。

しかし、ただ仕事をこなすだけでは他の事務所との差別化、住み分けが図れない。そこで「より良いものをより安く売ろう」と考えた。パートタイマーを中心としたスタッフにして、ローコストで廉価な商品を提供するという発想だった。これがうまく行き、人員も10人ほどに拡大した。２００７年には現在の社労士法人を設立。しばらくは「より良いものをより安く売る」という路線を継続していた。

「より良いものをより高く買ってもらう」ビジネスモデルへ転換
顧客満足度が高まれば、収益性も社員の働きがいも改善する

転機が訪れたのは今からおよそ10年前。日本経済が停滞し、共働きも増えて女性の社会進出が本格化していた頃だった。それまでは、寿退社後の仕事復帰はパートで働くというスタイルが主流だったため、パート採用にそれほど苦労しなかった。しかし、女性の社会進出と並行して育児休暇など正社員の就業環境の整備も進み、出産後も女性社員がそのまま在籍して働くケースが増えていった。「この頃から徐々にパート採用が難しくなっていきました。人材を確保するには正社員を雇う必要が出てきたのです」

景気の低迷と共に生活費を稼ぐ必要が高まって、パートの働く時間も長くなっていった。子どもが中学・高校へ進学すると学費もかかるため、正社員になりたいという人も必然的に増えた。「当社でもパートの数名から『正社員になりたい』との要望がありました。正社員を増やすとなると、今までの『ローコストだが利益も低い』という従来のビジネスモデルでは人件費が賄えなくなってくる。ビジネスのあり方が変わったと思いました。そこで、今までの路線を見直そうと思い立ったのです」

思い切って、「より良いものをより安く売る」から「より良いものをより高く買ってもらう」という高収益体制に大きく路線変更することにした。では具体的にどうしていけばいいのか？　試行錯誤の末、高い価値のある商品を顧客に提供し、高く買ってもらうと同時に、働く側も働きがいを感じられる。「労働条件の良い会社組織・働きがいのある会社・人間関係の良い会社を作ること」がその解決策だった。顧客満足度が高まれば収益性も社員の働きがいも高まる上、離職率も低くなる。「顧客だけでなくスタッフからも選ばれる会社にしようと考えました。高い付加価値を生み出せる会社にすればみんなのメリットになる。それが結

果的には差別化になりますし、新規の顧客獲得にも繋がります」

仕事のスケジュールと進捗をみんなで共有できる仕組みづくり　スタッフが多種多様な業務をこなせる〝多能工化〟を目指し

それでは、牧野代表はどのようにして、「労働条件の良い会社・働きがいのある会社・人間関係の良い会社」を構築していったのか。ポイントは大きく3つだ。1つ目は「高単価」。効率良く収益（粗利）を得ることで、会社組織の運営にも余裕が出てくる。2つ目は働きがいを感じるためには顧客から「ありがとう、助かったよ」と感謝の言葉をもらう必要があること。モチベーションアップにもなるし、仕事の質向上、安定品質にも繋がる。

そして3つ目は「互いに人となりが分かっていてコミュニケーションがあるスタッフ間の人間関係」だ。たとえば、急な子どもの発熱や家族の介護などを抱えているスタッフがいれば、互いに予定を融通して助け合っていく必要がある。そのため信頼関係の構築が重要だと考えた訳である。

これら3つを実現していくための解決方法として考案したのが、スタッフが多種多様な業務をこなせるいわゆる〝多能工化〟を目指す業務のマニュアル化だった。「とある仕事を進めている途中で、どこまで済んでいるのか、これから何をすべきなのか、誰でも仕事を引き継いで、またスケジュール管理ができるようなマニュアルを作っていきました」

仕事のスケジュールと進捗を全体で共有できれば、納期も品質も守ることができる上、会社に迷惑を掛けずに休暇を取り子どもの学校行事に参加することもできるようになる。

　このマニュアルは現在ではかなり進化していて、通常の業務にとどまらず、顧客とのやりとりや採用の面接方法に至るまで、会社組織の運営に必要な分野で確立されている。

　こうした仕組み作りは、合理的な会社運営の精度アップに貢献し、収益性や報酬などスタッフの待遇面も大きく改善している。高単価、働きがい、スタッフ間の良好な人間関係の構築という3つの要素が有機的に絡み合い、会社は急成長を遂げていった。

キーワードは、〝明るく〟〝素直〟という2つの定義
日々続いている業務効率のバージョンアップ

　高収益で効率の良い会社運営を続ける上でキーワードにしているのが、〝明るく〟と〝素直〟という2つの特有の定義だ。

　〝明るく〟とは、人の性格を指すのではなく「分からないことは『分からない』と答えて、分からないことをオープンにする」という意味である。「顧客や役所、先輩などを含め、周りの人から分からないことを教えてもらいながら仕事をこなし、自身もスキルアップしていく。社労士業務が未経験のスタッフも多いので、周囲に少し甘えさせてもらいながら短期間で上達できるような仕組みを作っています」

　〝素直〟には「指示通り、マニュアル通り、すぐに実行する」という意味合いを込めている。一般的に〝マニュアル通り〟と聞くと、柔軟性のない画一的な仕事しかできないマニュアル人間を思い浮かべるが、ロームにおいてはそれが大きな武器、高い収益を生み出す原動力だ。決められたマニュアル通りに行動することで業務が円滑に進む上、それが組織のナレッジ（会社にとって付加価値のある情報）として蓄積されて

人気の各種セミナーはオンラインを含め随時開催している

いくメリットが生まれる。

「1人で100点を取らなくてもいい、チームのチカラで120点の付加価値のある仕事をする、という考え方です。マニュアルを共有化して実践していけば、高単価の商品を提供することができ、高い収益性にも繋がります」

現在も業務の中で日々、マニュアルの更新、バージョンアップを継続している。仕事を進めれば進めるほど、その精度が高まっていく仕組みだ。「現在のマニュアルが最善だとは思っていません。全てのものには上手くやるコツがある、成功確率をアップさせる方法がある、と考えているからです。最善の方法を自分が知っているかどうかは分からない。だから常日頃、『もっと良いものが見つかったらそれと置き換えていかないといけないね』と話しています」

〝マニュアル化〟に加え大事なことは、〝習慣化〟だと指摘する牧野代表。仮説を検証して上手く行った手法をナレッジとして蓄積する発想である。ベテラン社員の動きに近付けるような仕組みとでも言おうか。仕事が身に付いたベテランは90％が習慣化して無意識の域で業務を行えるが、新人はそうはいかない。そのベテランの手順をマニュアルに落とし込み、新人が繰り返すことで、短期間のうちに効率良く習慣化できるようにするノウハウである。

自社で成果を出した収益性改善ノウハウを顧客にも提供
YouTubeチャンネルを活用、新規開拓に注力

1〜2年前から、社内の組織改善、収益性の向上という結果を出したマニュアル。このノウハウを使ったコンサル業務も顧客へ提供し始めている。開始後間もないため、請け負った社数は20社程度だが、成果は着実に上がっている。「目の前の顧客が収益性を高められるよう変えていきながら、収益も上げていくというイメージです。5000万円の赤字だった企業が、我々のコンサルを受けた次の年には利益が4億5000万円にまで大幅に改善したケースもあります」

このコンサル業務は、社労士事務所が手掛ける仕事としては異色の新規事業だろう。「成功習慣®」という登録商標を持っており、これからの成長株といえる。

オンラインを活用して各種のセミナーも随時開催している。「マニュアルで一人前に育った入社1〜2年目のフレッシュなスタッフが講師を務めています。厳選して採用していることもあり、当社のスタッフは優秀な人ぞろいです。中途入社で来た一流企業出身者は『ここまで高いレベルで教えてもらわなかった』と驚くことも多いですね」

平均的な企業では新人扱いされる人材が一人前の仕事を任される事実。融通の利かないマニュアル人間どころか、即戦力になる優秀な人材が育つという仕組みが形になっている。

今後の目標は、「日本一の社労士法人になること」だと牧野代表は抱負を語る。主要都市、県庁所在地で好立地を選んでいくつかの新しい拠点を開設していく計画だ。本拠地は静岡県だが、オンラインを活用して、全国規模で顧客を開拓していこうと考えている。

業務のスケジュール管理と進捗を全体で共有し、納期も品質も守ることができるマニュアルを考案

牧野代表が現在、力を入れているのはYouTubeの制作とその配信作業だ。今まで蓄積してきたものを言語化し、新規顧客を開拓する目的で配信を続けている。「私のYouTubeチャンネルの登録者数は3万人います。顧客のニーズをくすぐる内容を熟考して配信しているので、反響は大きいですよ」

顧客の質問に対する「回答事例も体系化している」という牧野代表。マニュアルがここでも効果的に活用されている。「仕組みが確立されているので、会社の細かな点は現場の判断に任せています。経営者が考えるべき心配事が減るので気分が楽ですね。最小単位のチームで収益性の向上を共有し実行する流れができているので、規模を拡大しても利益率が下がることはありません」と笑顔で語った。

社労士の世界に新しい風を吹き込んでいる牧野代表。優秀な人材を抱え、極めて効率性と収益性の高い「マニュアル化と習慣化」というナレッジがそれを下支えしている。

PROFILE

牧野 剛（まきの・つよし）

1961 年静岡県生まれ。静岡大学人文学部を卒業。
1984 年、生活協同組合コープしずおかに入社。
1989 年、社会保険労務士の資格を取得。
1991 年、社会保険労務士事務所を開業。
2007 年、社会保険労務士法人ロームを設立。

INFORMATION

社会保険労務士法人ローム

https://roum.info/

所在地

〒 430－0853
静岡県浜松市中央区三島町 1605－1
※駐車場完備

TEL　053－444－4604（代表）
　　　0120－606－241（フリーダイヤル）
FAX　053－444－4601

業務内容

就業規則の作成、事務代行サービス、助成金の申請代行、人事評価の作成、顧問契約・報酬、健康管理サービス

アクセス

JR「浜松」駅よりバスで 6 分、
「領家郵便局」停留所下車、徒歩 5 分

営業時間

〈月～金〉10：00～18：00
〈休業日〉土・日・祝

設立 1991 年

理念

人事労務で、日本を元気に！

株式会社赤熊不動産鑑定所

代表　**赤熊 正保**

依頼者が所有・管理している不動産の、適正な管理や賃貸が維持・保全され、最有効に活用するための助けになりたいです

優秀なスタッフと共に
丁寧な鑑定評価を行う不動産鑑定士

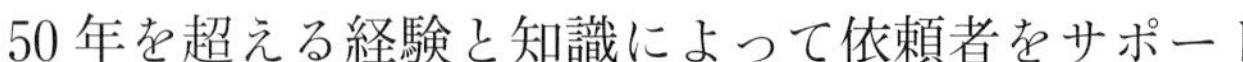

50年を超える経験と知識によって依頼者をサポート

「人に奉仕し、人の役に立つ生き方をする。それが私の信条です」

そう語るのは、株式会社赤熊不動産鑑定所の代表、赤熊正保氏。語る言葉を体現するように、不動産の鑑定評価によって約50年に渡り依頼者をサポートしてきた。

そんな、〝日本でも指折りの裁判所関連実績を持つ不動産鑑定士〟と言っても過言ではない赤熊代表に、これまで歩んで来た歴史や不動産鑑定士業界について話を伺った。

司法・行政・個人、全ての鑑定評価に対応 東京で実績を積んだのち故郷で開業し忙しい日々を送る

戦後間もない1947年の埼玉県上尾市に生まれた赤熊代表。大学は教員になるため史学部へ入学したが、在学中に資格取得が難関な士業家への道を検討し始め、母から不動産鑑定士の受験必携を渡されたことをきっかけに不動産鑑定士へ進路を定める。

勉強に前向きな友人や誠実で頼りがいのある先生との縁に恵まれ、1970年には不動産鑑定士の第二次試験に合格。第三次試験を受けるためには2年の実務経験と1年の実習が必要であるため、東京の個人事務所である鶴田不動産鑑定士事務所に入所。仕事の受注や調査、鑑定評価書の作成・提出までの全ての業務を任され、不動産鑑定士の仕事を学んでいった。

「所長は陸軍士官学校を出た非常に誠実な先生でした。太平洋戦争中に乗っていた船が撃沈された際には台風で海が大荒れの中、イカダを作って生き延びたそうです。その船の生き残りは、ほんの0・3%だと聞いています」

民間だけでなく様々な機関から依頼を受け、川の底から山の上まで全国の鑑定評価を行ってきた

鶴田不動産鑑定士事務所で仕事をしていた際は、鑑定のために小笠原まで出向くこともあった。夜9時を過ぎる残業が長期間継続したり、事務所に泊まって仕事をしたりするなど、多忙な日々を送った。

忙しく勤めるうちに2年が経ち、研修を受けたのち第三次試験に見事合格。1975年には故郷の埼玉県上尾市に戻り、赤熊不動産鑑定士事務所を開業する。埼玉県で24番目の事務所登録で、不動産鑑定士が貴重だったため、開業したばかりの小さな事務所には山のように依頼が寄せられた。

依頼者は、法人や士業家などの〝個人〟、国・県・市といった〝行政〟、高等裁判所・地方裁判所・家庭裁判所などの〝司法〟という3つに分かれる。司法に関しては1975年、縁あって埼玉県で2番目の不動産競売評価人となり、さいたま地方裁判所や家庭裁判所などからも依頼を受け、裁判資料として不動産鑑定評価書を提出するなどの業務を行った。担当として高等裁判所に提出した鑑定評価書が認められ判事から感謝の手紙を受領した思い出について赤熊代表は、「あれは嬉しかったですね」と表情をほころばせた。

不動産競売評価人としての初仕事は、大宮市内の住宅地の競売で、調査地は東京都境の和光市、川口市から、群馬、栃木、茨城県境の北川辺町まで。「ここから忙しい人生が始まりました。休日も書類漬け。多い時は年に約230件もの不動産競売評価依頼が舞い込みました」

1988年には法人化。バブル期は常時3、4カ所の県土整備事務所から来た多くの国土法関連評価依頼を抱え、夜中まで仕事をする日々が続いた。最も多忙な時期は正月が明けた日から8月の始めまで毎日事務所で仕事。「息子のサッカーの試合を見た後やゴルフプレー後もとんぼ返りして仕事をしていました」という程の忙しさだった。

1991年には現在の事務所ビルを建築し、スペースが広くなり人員も増加。2022年には東京都千代田区に新しい事務所を開設した。

同所には赤熊代表を含め3人の鑑定士が所属している。全国を飛び回りながら東京事務所を任されている勤続22年の大友由貴子氏。信託銀行での幅広い不動産鑑定と関連業務経験をバックに「同事務所で勉強したい」と加入した島崎栄司氏という布陣だ。

他にスタッフは10名、勤続25年を超える熟練者が3名も在籍し、赤熊代表の子息2人も所属している。長男の正道氏は不動産管理・事務、次男の正朗氏は営業や相続アドバイザー。それぞれが役割と責任を持って日々の業務に当たっている。

「難しい鑑定評価は赤熊不動産鑑定所へ」と全国から鑑定依頼が持ち込まれる 経験した数々の役職から結んだ縁が知識の幅を広げる

同所では、北海道の札幌から沖縄本島や久米島までに及ぶ全国の鑑定地で不動産鑑定評価を行っている。公共鑑定には用地買収、土地収用、学校売却、金融担保、公共所有地売却など、多様な分野がある。同所は埼玉県下全ての県土整備事務所や河川事務所、道路公社、土地開発公社、住宅供給公社など様々な機関から依頼を受け、川の底から山の上まで鑑定評価を行ってきた。難しいものでは、自然に川底へ沈んでしまっ

これまでの歴史と知識が詰まったファイルが200件以上も保管され、分析する際に大いに活用されている

た土地、自死があった土地、地中に下水管が通っている場合の評価などあらゆるケースを担当。同所は「難しい鑑定は赤熊さんに頼む」と頼られる最後の砦なのである。

民間からの依頼では、売買、遺産分割、地代、家賃、担保や交換が多い。土地を交換する場合は相互の土地を鑑定評価し差額を算定。それから、等価になるように調整したり、面積大の土地の分割図面や、宅地造成地の土地区画割図をCADで作成している。マンション適地の鑑定では、土地を最有効利用するマンションの立面図や平面図、駐車場配置した敷地利用図面を添付して、丁寧な仕事を行っている。

間違った鑑定を受けた不動産の再鑑定も数多く担当している。経験から得た確かな観察眼と情報収集力から、以前受けた鑑定価格が高すぎる理由、低すぎる理由を調べ鑑定評価書に記載するのだ。不動産の鑑定には「ストライクゾーンがある」と赤熊代表。

「報酬をもらっているのですから、適切なラインの鑑定結果を出さなければ。鑑定評価額と本来の適正価格が全く違うことで、依頼者に損害が出てしまってはいけません」

また、赤熊代表はこれまでに、国土交通省や裁判所、埼玉県、国税関連、日本不動産鑑定協会連合会、日本不動産鑑定協会関東甲信会、埼玉県不動産鑑定士協会などで会長、代表幹事、分科会幹事、委員長等38の役職を経験。これらの会で出会った役員から得た知識や繫がりを鑑定にも活かしている。確かな実力がより知識を広げる一助となっているのだ。

「これだけの役職を経験できたのも、事務所のスタッフが有能で、仕事のフォローや会議資料の補助を完璧にこなしてくれたからこそ。優秀なスタッフにはいつも感謝しています」

不動産鑑定業界への多大なる貢献
培ってきた知識を広め鑑定評価の統一を図る

赤熊代表はこれまでに不動産購入価格、立退料、地代、家賃など様々な案件を任されて来たことで、不動産鑑定士の鑑とも言える豊富な経験と知識を持つ。同所にはそんな赤熊代表の歴史と知識が詰まった難しい案件のファイルが200件以上も保管され、スタッフが分析する際に大いに活用されている。

赤熊代表はそうした実績や本、データを分析し作成した、競売評価人の評価マニュアルを埼玉県の不動産競売評価人や地方裁判所に配布。東京・茨城・千葉の鑑定士にも参考にしたいと求められたのは、赤熊代表に寄せられる信頼故だろう。

また、自ら撮影した高級住宅や工場、マンション、倉庫、物置、ガレージから豚舎、それぞれのグレード上から下までといった206件の建物と建物の再建築費を掲載した写真集も作成した。関東エリアの競売評価人委員会で発表し、埼玉県の不動産競売評価人や、その後新しく配属された鑑定士、他県の鑑定士にも配布している。

これには評価額の基準を作り、統一化する意図がある。特に遺産分割の分野では、1つの依頼で15件もの不動産が持ち込まれることもあり、その全てを同じ基準で評価することが必要だ。1人の鑑定士が調査し評価額を決定するが、それもスタッフのサポートを受けてのこと。統一された評価基準は大きな助けとなる。

これらの成果から、裁判所から高額の鑑定依頼も受けている。赤熊不動産鑑定所の関東圏不動産鑑定業界への大きな貢献は明白な事実。しかし、赤熊代表は「スタッフが良い働きをしてくれたので」と至って謙虚である。

相続税や賃貸物件の問題解決を助ける 誠実で丁寧な仕事によって信頼できる鑑定評価書を作成

相続税の評価は一般的な評価とは違い、道路や傾斜、開発などの条件が反映されない場合がある。せっかく相続したとしても、墓地や鉄道に近接、日照不良、傾斜、開発不可の土地などは、相続税の評価基準で求めた課税額より、実評価が下がるケースがある。鑑定を依頼すれば実評価を確定することが可能だ。

たとえば、幅員4m未満の道路に接面する宅地造成、分譲等不可の土地やアパート、マンション、工場、店舗等立地不可の土地について、道路の拡張が必要であるなどのリスクを適正に分析した不動産鑑定士が算出した鑑定評価は評価額が大幅に低くなる。このように、相続にとって鑑定士は欠かせない存在なのだ。

相続の実例としては、分割について相続争いをしていた土地を赤熊代表がメジャーで測ってCADで求積してみると、十数%面積が少ないと確定できる案件があった。歴代の土地所有者はこれまで相続や毎年の資産税で高額な税金を余計に払っていたと考えられる。

「そのため、実測し面積を確定させた方が固定資産税や相続税の支払いが減るので、実測することを勧めました」

赤熊代表の指摘がなければ更に損をしていたかもしれない、鑑定士の重要性が良く分かるエピソードだ。

また、メジャーやCADを使い公簿地積と現況地積との違いを判定し鑑定評価する丁寧な仕事は、人手が充実しており「依頼者のために」と奉仕の精神で取り組む同所だからこそできることだろう。

加えて、賃貸物件に纏わる問題においても鑑定士の活躍が見込める。借主からの依頼の例では、「店舗賃貸物件の家賃が高額ではないか。鑑定で家賃が下がるのなら、交渉や裁判の資料に使いたい」という案件があった。この例では土地や建物の評価、店舗賃貸事例、不動産の利回り、その他経済変動要因等を適切に分析し、継続賃料額を鑑定評価した結果、家賃を下げることができた。

貸主の例では、依頼者が正式な鑑定評価を得て賃料を上げることができ、悪質な借主を追い出せたエピソードがある。この際は、依頼者の家族が事務所まで感謝を伝えに来たほど喜ばれた。

「不動産の適正な値段を知りたいという需要は多いです。誠実且つ適正な料金で内容も充実した鑑定評価書を提出し、その評価書が提出先で有用だと判断され、価値が決定される傾向があります。このような仕事を継続していきたいですね」

鑑定評価書は他にも様々な用途を持つが、赤熊代表はその全ての用途に精通しており、信頼が置ける鑑定結果を依頼者へ提出し続けている。

依頼者の不動産が最有効に活用されるよう尽力
信条である「人に奉仕し、人の役に立つ」を貫き通す

不動産の価格は、社会的、経済的、行政的要因によって決まるため、鑑定には法律や経済情勢など多くの要因が絡み、社会情勢、取引事例、賃貸事例などの様々な分析が必要になる。行政的要因で例を挙げるのな

全幅の信頼を寄せるスタッフと共に依頼者を支えている

ら仮換地指定前後で大幅に価格が上下する土地区画整理地内の土地や、経済的な事由による土地価格変動ではバブルが分かりやすい例だろう。

このような専門領域の知識は、たとえ聞いたことがあったとしても正確には理解できない場合が多い。そのため「不動産の売買、交換、現物出資、相続税の評価、遺産分割、地代家賃などの交渉や、不安がある場合、妥当な価格や水準を知りたい場合は不動産の鑑定依頼を検討してみてください。初回は無料相談ができますので、まずは相談をしていただけたら」

また、裁判をしている場合や相続税の申告が必要な場合、税務署に取引価格の適正性の裏付けを提出したい場合、相手方に適切な不動産価格や賃料であることを証明したい場合なども不動産鑑定士に依頼することが重要になるだろう。

同所の展望について「遺産分割を解決して、和解する手助けに。また、トップレベルの不動産鑑定能力は維持しながら、依頼者が所有・管理している不動産の、適正な管理や賃貸が維持・保全され、最有効に活用するための助けになりたいです」と語る赤熊代表。そうしてこれからも、人に奉仕し、人の役に立つという信条を貫いて行く。

PROFILE

赤熊 正保（あかぐま・まさやす）

1947 年、埼玉県上尾市に生まれる。
1970 年、不動産鑑定士　第二次試験合格
同年、鶴田不動産鑑定士事務所　入所。
1975 年、赤熊不動産鑑定士事務所　設立。
1988 年、法人化し株式会社赤熊不動産鑑定所となる。
2022 年、東京事務所開設。

■所属・活動

不動産鑑定士、宅地建物取引士、公益社団法人埼玉県不動産鑑定士協会顧問、公益社団法人日本不動産鑑定士協会連合会。

■役職

公益社団法人日本不動産鑑定士協会連合会不動産鑑定士調停センター・調停候補者、固定資産鑑定評価員、上尾税務署土地評価精通者、国税埼玉県評価員、公益社団法人埼玉県不動産鑑定士協会顧問、北本市久保特定地区区画整理評価員。

INFORMATION

株式会社赤熊不動産鑑定所

https://akaguma-kantei.jp/

所在地

・本社
〒 362-0075
埼玉県上尾市柏座 2-8-10
TEL　048-775-1151　FAX　048-775-1176
・東京事務所
〒 100-0014
東京都千代田区永田町 2-9-8
パレ・ロワイヤル永田町 706

アクセス

JR 高崎線「上尾」駅西口より徒歩 7 分

業務内容

不動産鑑定評価、不動産コンサルティング、不動産売買、不動産仲介

営業時間

〈月～金〉8：40～17：40
〈土・日・祝〉事前予約対応可

設立

1975 年 赤熊不動産鑑定士事務所 設立
1988 年 株式会社赤熊不動産鑑定所 設立

理念

依頼目的と鑑定評価の妥当性について誠実に判定。
鑑定評価対象不動産の徹底した調査、分析、価格、賃料の決定。

掲載士業一覧

税理士

ベルシティ税理士法人グループ

代表　小野 良介

〈本社オフィス〉

〒108-0075　東京都港区港南4-6-7　ワールドシティタワーズキャピタルタワー38F

TEL　03-6555-2732　｜　URL　https://www.bellecity-tax.com/

〈品川オフィス〉

〒108-0075　東京都港区港南1-9-36　NTTDATA品川ビル（アレア品川）13F

笠間税務会計事務所

代表　笠間 浩明

〒107-0052　東京都港区赤坂2-23-1　アークヒルズフロントタワーRoP704

TEL　03-6277-8328
FAX　03-6277-8329
URL　https://kasama-cpa.jp/

税理士法人とりやま財産経営

代表　鳥山 昌則

〈池袋本店〉

〒171-0014　東京都豊島区池袋2-65-6　慶愛鳥山ビル1F

TEL　03-6912-8828
FAX　03-6914-3428
URL　https://www.toriyama-ac.com/
E-mail　toriyama@toriyama-k.jp

〈銀座サロン〉

〒104-0061　東京都中央区銀座4-12-1　銀座とりやまビル5F

TEL　03-6228-4580　｜　FAX　03-6228-4508

ストラーダグループ

代表取締役　山田 直輝

〒103-0014　東京都中央区日本橋蛎殻町1-36-5　いちご箱崎ビル5F

〒103-0014　東京都中央区日本橋蛎殻町2-11-2　オートエックス工藤ビル3～6F

URL　https://www.strada-group.jp/

アストラス ゼイリシジムショ

Astrus 税理士事務所

代表　小林 良和

〒151-0051　東京都渋谷区千駄ケ谷5-32-4　新宿パークサイドビル2F

TEL　03-5315-0641

FAX　03-5315-0642

URL　https://www.astrus-tax.jp/

BIZARQ Group

吉岡 和樹　吉岡 伸晃　村上 晋一朗

〒160-0022　東京都新宿区新宿5-1-1-1004

TEL　03-6709-9254

URL　https://bizarq.group/

弁護士

神戸マリン綜合法律事務所

弁護士　西口 竜司

〒655-0892　神戸市垂水区平磯4-3-21　フェニックスKⅡ902

TEL　078-708-1919

FAX　078-708-1939

URL　https://kobemarin.com/

田阪法律事務所

代表　田阪 裕章

〒530-0003　大阪市北区堂島1-1-5　関電不動産梅田新道ビル4F

TEL　050-3628-2026（新規受付専用ダイヤル）
06-6676-8322（依頼者専用ダイヤル）
URL　https://souzoku.t-bengo.com/

ステラ綜合法律事務所

代表弁護士　佐藤 光太

〒060-0061 北海道札幌市中央区南1条西13-317-3　フナコシヤ南1条ビル6F

TEL　011-211-0395　｜　URL　https://ks-stella.com/

横浜弁天通法律事務所

弁護士　高井 英城

〒231-0007　横浜市中区弁天通2-25　関内キャピタルビル504

TEL　045-681-3837　｜　URL　https://yokohama-bentendori.com/
https://yokohama-bentendori.jp

SAKURA法律事務所

代表弁護士　道下 剣志郎

〈東京オフィス〉
〒106-0032　東京都港区六本木1-4-5　アークヒルズサウスタワー4F

TEL　03-6910-0692　｜　URL　https://sakura-lawyers.jp/
FAX　03-6910-0693

〈ベトナム（ホーチミン）オフィス〉
PANTHEON LAW
02-04 Nguyen Hoang Street, An Phu Ward,Thu Duc City,HCMC, Vietnam

TEL　+84（08）3588-1122

みなとみらい総合法律事務所

代表弁護士　辻居 弘平

〒231-0011　横浜市中区太田町 5-61-1　BRICKS 馬車道舘 7F

TEL　045-228-9152　　URL　https://mmslaw.jp/
FAX　045-228-9153

弁護士法人高井・岡芹法律事務所

代表社員弁護士　岡芹 健夫

〒102-0073　東京都千代田区九段北 4-1-5　市ヶ谷法曹ビル 902

TEL　03-3230-2331　　URL　https://www.law-pro.jp/
FAX　03-3230-2395

西野弘起法律事務所

代表弁護士　西野 弘起

〒541-0047　大阪市中央区淡路町 1-6-9
DP スクエア堺筋本町（旧：堺筋サテライトビル）8F

TEL　06-7777-4766　　URL　https://nlc-office.com/
FAX　06-7739-5127

弁理士

弁理士法人 浅村特許事務所・浅村法律事務所

所長　浅村 昌弘

〒100-0004　東京都千代田区大手町 1-5-1
大手町ファーストスクエアウエストタワー 17F

TEL　03-6840-1536（代表）　　URL　https://www.asamura.jp/jp/
FAX　03-6840-1540

弁理士法人 白浜国際特許商標事務所
乃木坂特許商標事務所

代表弁理士　白浜 秀二

〈弁理士法人白浜国際特許商標事務所〉

〒107-0052　東京都港区赤坂 4-9-17　赤坂第一ビル 9F

TEL　03-6277-8471
FAX　03-6277-8472
URL　https://www.shirahama-ippc.com/

〈乃木坂特許商標事務所〉

〒107-0052　東京都港区赤坂 4-9-17　赤坂第一ビル 9F

TEL　0120-53-1069
FAX　03-6277-8472
URL　https://www.nogizaka-ip.com/

司法書士

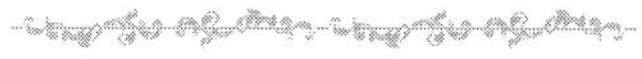

司法書士法人　穂

代表　山中 健太郎

〒170-0013　東京都豊島区東池袋 4-5-2　ライズアリーナビル 6F

TEL　03-6891-0575（代表）
　　　0120-990-140（フリーダイヤル）
FAX　03-6745-1215
URL　https://honoka.or.jp/

司法書士 いちはら法務事務所

代表　亀井 慶仁

〒290-0062　千葉県市原市八幡 2382 番地 61

TEL　0436-63-6211
FAX　0436-63-6212
URL　https://ichihara-souzoku.com/

バウンダリ行政書士法人

代表行政書士　佐々木 慎太郎

〈仙台オフィス〉

〒980-0802　仙台市青葉区二日町 6-26　VIP 仙台二日町 2F

TEL　022-226-7402
FAX　022-226-7403
URL　https://boundary.or.jp/

〈東京オフィス〉

〒100-0006　東京都千代田区有楽町 1-6-3　日比谷頴川（エイセン）ビル 9F

TEL　03-6550-8240
FAX　022-226-7403

ORCA グループ

代表　倉敷 昭久

〒683-0004　鳥取県米子市上福原 235-9

TEL　0859-38-5155
FAX　0859-38-5158
URL　https://orcagroup.jp/

行政書士法人アーバン

代表社員　佐藤 友哉

〈本社〉

〒453-0052　名古屋市中村区森末町 1-27-3

TEL　052-461-5875
FAX　052-461-9066
URL　https://urban-office.or.jp/

〈名古屋登録事務所〉

〒454-0838　名古屋市中川区太平通 7-3 1F

〈東京事務所〉

〒135-0063　東京都江東区有明 3-7-11　有明パークビル 20F

社会保険労務士

社会保険労務士法人ローム

代表　牧野 剛

〒430-0853　静岡県浜松市中央区三島町1605-1

TEL　053-444-4604（代表）
　　　0120-606-241（フリーダイヤル）
FAX　053-444-4601
URL　https://roum.info/

不動産鑑定士

株式会社赤熊不動産鑑定所

代表　赤熊 正保

〈本社〉
〒362-0075　埼玉県上尾市柏座2-8-10

TEL　048-775-1151
FAX　048-775-1176
URL　https://akaguma-kantei.jp/

〈東京事務所〉
〒100-0014　東京都千代田区永田町2-9-8　パレ・ロワイヤル永田町706

おわりに

法律は、社会情勢や新しい技術の発展に伴い日々新しく生まれ変化していくもの。２０２４年にはこの書籍を出版した6月までの間にも、１月１日に施行された電子帳簿保存法を始めとして多くの法改正がありました。４月１日には労働基準法における運送業ドライバー・建設業・医師の労働時間規制に変更があり、労働基準法施行規則では労働条件通知書の記載事項が追加されています。

日頃から法律に親しくない一般市民としては、その全てを把握した上で生活し、事あれば法を基に解決方法や打開策を考え、適切に法を用いて自ら解決することや、契約内容が法律違反であるかどうかを見破ることなどは難しいでしょう。契約を持ちかける経営者側が法律について把握しておらず、意図せず法律違反になってしまうことさえままあります。

日々変わり続ける法律の問題に直面したときに頼れるのが、その道のプロフェッショナルである弁護士や社会保険労務士、税理士、弁理士、司法書士、行政書士、不動産鑑定士といった士業家たちです。法律の専門家の代表である弁護士は勿論、他士業の方々もそれぞれの分野の法律に精通し、依頼者のためになるようにと日々アップデートを続けていらっしゃいます。

餅は餅屋、弓矢の道は武士が知るではありませんが、そんな専門家の方々にお願いしようと事務所の門戸をノックすることが、問題を1番速く正しく解決へ導くための近道へ通じているのではないでしょうか。

本書「士業プロフェッショナル２０２４年版～暮らしとビジネスを力強くサポートする～」では、そのような士業家の方々に取材し、その内容を記事として纏めさせていただきました。取材させていただいたどの士業家も、熱い想いを基に日々の業務に取り組む素晴らしい人物ばかりです。

意外であったのが、〝偉い人・凄い人〟と感じられる士業家の方々の、その親しみやすさでした。敷居が高いと感じがちな士業家の方々への相談も、これならばもっと気軽に話し、旧来の友のように悩みを分かち合えるのではないかと思わされます。

末筆ではございますが、本書出版にあたりご多忙の合間を縫ってインタビューや原稿作成に応じてくださった士業家の方々、そしてスタッフの皆様方に、心より御礼申し上げます。本書が、独りで悩まれている未来の依頼者と、士業家が手を取り合うきっかけになりましたら幸甚の至りでございます。

2024年6月

株式会社産經アドス
産經新聞生活情報センター

士業プロフェッショナル2024年版
──暮らしとビジネスを力強くサポートする──

発 行 日	令和6年6月30日　初版第一刷発行
編著・発行	株式会社 ぎょうけい新聞社 〒531-0071 大阪市北区中津1丁目11-8 中津旭ビル3F
企　　画	株式会社産經アドス 産經新聞生活情報センター
発　　売	図書出版 浪速社 〒637-0006 奈良県五條市岡口1丁目9-58 Tel. 090-5643-8940　Fax. 0747-23-0621
印刷・製本	シナノ書籍印刷株式会社

ISBN978-4-88854-568-6